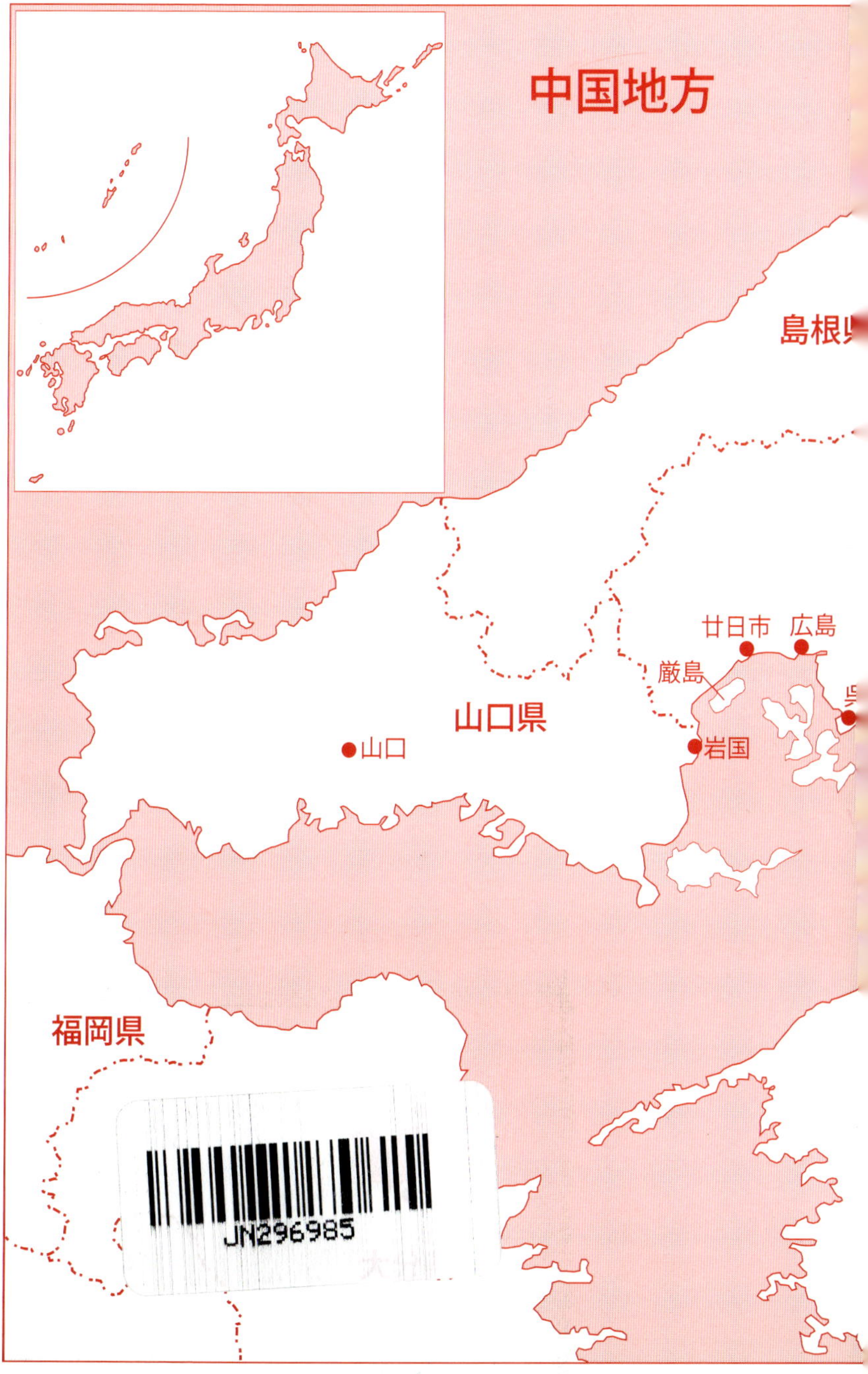

中国地方
島根
廿日市
広島
厳島
山口県
山口
岩国
福岡県

観光コースでない
広島
被害と加害の歴史の現場を歩く

ANOTHER HIROSHIMA

澤野重男・太田武男・高橋信雄・大井健地・
是恒高志・山内正之・吉岡光則

高文研

もくじ

装丁＝商業デザインセンター・増田 絵里

はじめに

アメリカのオバマ大統領の「プラハ演説」（二〇〇九年四月五日）以来、にわかに「核兵器のない世界」への期待が高まった。しかしオバマの演説が、「核兵器を使用した唯一の核保有国の道義的責任」として「核廃絶の方向に向かって行動する責任」があると言ったとしても、アメリカが広島・長崎に対する原爆投下の責任を認めたわけではない。

オバマは「核拡散防止」は言うが、「核抑止」も必要だと言い、核兵器の使用を否定しない。だから、誰かが「核兵器のない世界を」と言ったときに、それはどういう意味なのかを考えてみる必要があることを、私たちは学んだ。他人まかせは止めにして、どうすれば「核廃絶」が可能なのかを、自分の頭で考えてみようと、私たちは言いたい。

アメリカの「核の傘」の下にいて「核廃絶」を主張することの矛盾、そして平和憲法の下で米軍基地や自衛隊が存在する現実にも目を閉ざしてはならない。「ノーモア・ヒロシマ」の声が世界に届くために、どうすれば良いか、何が必要かを、もっと多くの人とともに考えていかなければならないだろう。

そのために、まず多くの人たちに広島へ来てほしい。

被爆後を想像させる３・11 大震災による津波の傷跡。宮城県石巻市。
（撮影：寺嶋容一郎）

爆心地に来て、ヒロシマを見てほしい。広島の街角に隠された被爆建物や軍都の遺跡を訪ねてほしい。広島周辺の岩国や呉の戦争と平和をめぐる歴史と現実を見てほしい。宮島や大久野島の歴史秘話を知ってほしい。また、ヒロシマの文化や芸術、歴史や思想について考えてほしい。広島に何があり、何がないかも見てほしい。
そんな思いで、私たちは本書をつくろうとしていた。

私たちが執筆にとりかかっていたちょうどそのとき、二〇一一年三月一一日がやってきた。
東日本大震災は、地震と大津波によって二万人を超える死者・行方不明を出す大災害となった。そして、収束の目途が立たないのは、地震と大津波の自然災害に、東京電力・福島第一原子力発電所で起きた「事故」が加わったからである。「自然災害」に「人災」が加わって、「原発震災」となったことが、不安をいっそう大きくしている。
原発の「安全神話」はもろくも崩れ去った。フクシマの原発事故は、放射性物質の放出量が数万テラベクレル以上になって、二五年前に起きた、旧ソ連のあのチェルノブイリ原子力発電所の事故と並ぶ「レベル7」の〝評価〟を受け、不安が世界に広がっている。
「フクシマとヒロシマはヒバクという点では同じ」という声も上がる。被爆地ヒロシマからは、「核兵器のない世界のために」の声に、「核被害のない世界のために」の声を重ねて、ノーモア・ヒバクシャといっそう強く叫ばなければならないのではないか。

ヒロシマは壊滅した街である。同時に再生した街である。この街から学ぶことは多い。そのような思いを強くしながら、私たちは本書をつくった。なお執筆者は、長く広島とその周辺に暮らして、それぞれの課題に取り組んでいる七人である。

二〇一一年五月三日

執筆者を代表して　澤野重男

◆広島市略図
可部線
新幹線
山陽本線
横川
白島
広島城
広島
駅前
原爆ドーム
西広島
平和公園
紙屋町
八丁堀
比治山公園
猿猴川
平和大通り
国道2号線
広大前
赤十字・原爆病院
放影研
（元 ABCC）
太田川放水路
天満川
本川
元安川
京橋川
旧宇品線
宇品
宇品
広島港
広島湾
元宇品

I　廣島からヒロシマへ

〈執筆〉太田武男
澤野重男

平和公園から原爆ドームをのぞむ

※広島の歴史

広島は、西中国山地を源流にする太田川と、その分流が瀬戸内海に向けて形成した広大なデルタの上に拓かれた街である。ＪＲ広島駅から市内へ走る電車に乗ると、幾筋かの川の流れが目に入る。中心部には、東から猿猴川《えんこうがわ》、京橋川、元安川、本川、天満川、太田川放水路（一九六七年完成）の六つの川が流れる。時間とともに大きく変える川の水位は、瀬戸内海の潮位を映す。満潮時の川面は青空を移して実に美しい。逆に大潮の干潮時は、あたかも腹を空かせた人間の腸のように露わな川底を見せる。「あの日」、「あの時」、川は満潮になっていた。

この太田川デルタを一五八九年から一〇年かけて埋め立て城を築き、広島を拓いたのは毛利輝元である。一六〇〇年の「関ヶ原の戦い」で西軍の総大将として大阪城に乗り込んだものの「敗軍の将」となって山口県の周防・長門二カ国に逐われ、夢は破れた。毛利のあとに福島正則、さらに紀伊（和歌山県）から来た浅野長晟《ながあきら》が入り、その後一一代続いて明治を迎えた。江戸時代に中心部の原形はほぼ出来上がり、明治時代に広島港の構築や広島城外堀の埋め立てなどで、近現代の市域を広げた。

一八七一年の廃藩置県とともに、広島市は県都となり、一八八六年には第五師団、広島城域に陸軍練兵場や兵舎、病院など施設を整えて軍都の歩みを始めた。同時に近代日本の学都としての歴史も始まった。一八七五年には広島県公立師範学校（広島大学の前身）や広島外国語学校が開設され、一九〇二年には東京に次いで教員養成のための広島高等師範学校が置かれた。師範は全国に多くの優れた教育者を送り出した反面、皇国「臣民」づくりを担った。軍都とともに学都もまた廣島の持つ「もう一つの歴史の顔」である。

一八八九年に瀬戸内海への玄関・宇品港《うじなこう》が完成し、一八九四年六月には日清開戦に合わせて陸の道・山陽鉄道が広島まで延びた。一方、広島の東二五キロの呉港《くれこう》は一八八六年から軍港として整備された。江田島《えたじま》の海軍兵学校が開かれ、海軍工廠《こうしょう》が船舶・砲弾の供給を担った。陸軍の広島、海軍の呉、瀬戸内海沿岸に陸海の軍事拠点都市が、その機能を整えていった。

大本営跡と石柱。戦後、石柱の「文部省」の文字がコンクリートで塗りつぶされた。

一八九四年七月に日清戦争開戦、その直後の九月一五日、明治天皇が広島に入り広島城に大本営を置き、ここで七カ月間、戦争の指揮を執った。いまは建物の礎石と「明治二十七八年戦役廣島大本営」と刻まれた石柱が残るだけの大本営跡だが、「軍都廣島」の象徴、日本の侵略戦争、加害の歴史の原点のような場所である。仮設議事堂も建てられ、一〇月には臨時議会が開かれるなど「廣島」は臨時首都の役割を担っていた。

日本は、一九〇四年二月開戦の日露戦争を経て、一〇年には朝鮮半島を植民地化した。第一次世界大戦（一九一四～一八年）後、日本は英米仏などの列強とともに、東アジアと太平洋の再分割、政治的経済的秩序の再編成に取り組むが、一九二九年の世界大恐慌に直面して、独伊とともにファシズムへ傾斜する。すでに一九二五年には、天皇制に逆らう個人や結社を取り締まる治安維持法を成立させており、国内の反対勢力を弾圧し、侵略戦争を拡大した。一九三一年の「満州事変」で満州を全面占領し、傀儡《かいらい》国家「満州国」を樹立、一九三七年には中国との全面戦争に突入し、さらに一九四一年一二月八日、マレー半島のコタバルとハワイの真珠湾を奇襲して、太平洋戦争へと突き進んだ。

戦局の拡大は「軍都廣島」の市民生活を日に日に変え、学業も文化も経済も、「勝つこと」だけを目的に、戦争へとすべてが動員された。一九三八年の国家総動員法、徴用令などで市民は義勇隊や軍需生産に駆り出され、学生や生徒は男女を問わず割り当て動員された。一九四〇年、朝鮮では皇民化教育とともに在日朝鮮人を含め日本名への「創氏改名」が強行された。戦争拡大とともに朝鮮をはじめアジア各地からの徴用や「強制連行」が進み、一九四四年時点で広島県内に在住する朝鮮人は、八万人を超えていたという。

❇原爆投下

一九四五年八月六日、テニアン島を飛び立ったエノラ・ゲイ号は、高度約九千メートル、時速約三三〇キロで東方から投下目標の相生橋《あいおいばし》をめざして飛来した。目標地点の約三・八キロ手前のＪＲ芸備線矢賀駅上空あたりでリリースされた原子爆弾は、放物線を描きながら落下し、標的からわずか南東

1945年８月６日午前８時15分、広島市上空に飛来したＢ29爆撃機は原子爆弾を投下した。（撮影：米軍　提供：平和博物館を創る会）

の島外科病院の約六〇〇メートル上空で炸裂した。

　広島上空で炸裂した原子爆弾は、閃光とともに火球となり、熱線と爆風、放射線が「廣島を破壊」した。巨大な「きのこ雲」が高さ一万七千メートルに達し、爆発の二〇～三〇分後から広い範囲で「黒い雨」が降った。爆心は、広島市のほぼ中央。三キロ以内で約七万戸、建物の九二%が破壊された。この日の朝、市内には三五万人前後がいたと推定されている。年末までに軍人二万人を含め、約一四万人が死亡したとされる（一九七六年「国連への調査報告」）。

　しかしこれは被害の一部でしかなく、爆発後に近隣から入市した人や救援活動に従事した人たちにも、しばらくして脱毛、発熱、下痢などの諸症状や血液異常が現れ、死者が続いた。また、「七五年は草木も生えない」という生物不毛説が流れて、原爆への恐怖感を市民に広げた。「原爆症」についての知識も当時は少なく、「奇病」「難病」として恐れられ、結婚や就職などでの「被爆者差別」も生み出した。放射性物質を撒き散らした「黒い雨」は、廿日市《はつかいち》市など周辺七市町に降った。これらの地域の住民には、「内部被曝」による放射線障害などの被害がもたらされた。いまも原爆の後遺症や後障害によって健康と生活の不安に悩まされ、死に怯える被爆者は多い。

※被爆の実相

熱線・爆風・放射線が混合して生み出す原爆の圧倒的な「威力」によって、被爆者はすさまじいダメージを受けた。以下、熱線・爆風・放射線および急性障害・後障害について、澤野重男『ヒロシマ希望の未来―核兵器のない世界のために』(平和文化)の記述を参考に、おさらいしておく。

◆熱線

原爆爆発直後、一〇〇万分の一秒以内では爆発点は摂氏数百万度の高温となり、一万分の一秒後には半径約一五メートル、温度約三〇万度の火球が形成された。一秒後に最大直径約二八〇メートルの火球となり表面温度は約五千度。爆心地周辺の地表温度は三千度から四千度に達した。鉄が溶ける温度は一五〇〇度、太陽の表面温度は五七〇〇度だから、まさに「溶鉱炉の中に投げ込まれた」とか「太陽が落ちてきた」とか言っても、過言ではない。

石段に残った熱線による人影（撮影：米軍　提供：平和博物館を創る会）

強烈な熱線によって焼かれた人々は重度の火傷を負い、死亡した。爆心地から二六〇メートルの住友銀行広島支店の入口に腰掛け、開店を待っていた人は、原爆の閃光を受け、その場で瞬時に死亡したと思われるが、強烈な熱線に焼かれた石段の表面は白っぽく変化し、その人の影だけが黒く残された。

爆心地から六〇〇メートル以内では屋根瓦の表面が溶けてブツブツと泡だった（「原爆瓦」）。爆心地から一・四キロ以内で、熱線を遮るものがないところにいた人は、致命的な火傷を負った。皮膚が焼かれただけでなく、体内の組織や臓器も障害を受け、そのほとんどが即死、または数日内に死亡した。一・八から二キロでは着衣や洗濯物に火がついた。二・五キロでは、わら屋根に着火し炎上した。三キロでは電柱、樹木、木材などが黒こげになった。

1945年８月末ごろ。袋町国民学校に収容された人々の様子（煙石【土井】二三枝／広島平和記念資料館提供）

原爆による火傷は、皮膚の深いところまで達したので、皮膚が身体からはがれ、人々は皮膚をぼろ切れのように手の先にぶら下げて逃げまどった。手を下げると指先に血がたまって激しく痛むので、幽霊のように両手を前にあげ、ゾロゾロと歩いて逃げたのだった。

熱線によって発生した火災は、地形が平らで建物が密集していた広島では、爆発後三〇分ごろから大火となって火事嵐を呼び起こした。この火事嵐のために、爆心地から半径約二キロ以内の地域が全焼した。被爆死の約六〇％が、熱線による火傷と、熱線で引き起こされた火災によるといわれている。

◆爆風

原爆の爆発によって、爆発点は数十万気圧の超高圧となり、強烈な衝撃波と爆風が発生した。爆発点のまわりの空気は急激に膨張して爆風となり、爆風の先端は衝撃波となって進行する。衝撃波は爆発の約一〇秒後には約三・七キロ、三〇秒後に約一一キロに達した。その圧力は、爆心地から五〇〇メートルの地点で、一平方メートルあたり一九トンという強大なものだった。

爆心地から九〇〇メートルで秒速一五〇メートル、一・六キロ離れたところでも秒速七四メートルの爆風が吹いた。爆風圧は爆心地から二〇〇メートルで一平方メートルあたり六・七トン、八五〇メートルで二・三トン。爆心地から三〇〇メートルの相生橋は、爆風によって欄干が破損し、その北側部分を川に落下させ、水面からはねかえった爆風によって歩道部分の床板が大きく持ち上げられた。爆心地から二・七キロ、南区出汐二丁目にある陸軍被服支廠《ししょう》の鉄扉は、爆風によって押し曲げられ、変形した痕跡をそのままに今も現地に残る。

衝撃波が人々を襲い、内臓破裂などの死傷者を出した。衝撃波と爆風によって、爆心地から二キロ以内の木造家屋はほとんどが倒壊し、鉄筋コンクリート造りの建物も窓を吹き飛ばされたり、内部が消失したりして、大きな被害を受けた。人々は地面にたたきつけられ、倒壊した建物の下敷きになり、飛び散るガラスや瓦や建物の破片などに打たれ、閉じこめられ、焼かれ、傷つき、殺された。

◆放射線

核兵器が、通常の爆弾と違うのは、放射能による生命の破壊だ。核爆発によって大量の放射線が放出され、人体に深刻な障害を及ぼした。放射線は、人体の奥深くまで入り込んで、細胞を破壊し、血液を変質させ、骨髄などの造血機能を破壊し、肺や肝臓などの内臓に深刻なダメージを与えた。爆発後一分以内に放射された初期放射線によって、爆心地から一キロ以内にいた人は、致命的な影響を受け、その多くは数日以内に死亡した。放射線は、爆心地から約一キロ以内で、それをさえぎるものがなかった場合、半数を死亡させる威力を持っていた。また、外傷がまったくなく無傷だと思われていた人が、被爆後月日が経って発病したり、死亡したりする例も多かった。

原爆の爆発後一分以後に放出されたものを残留放射線といい、これには、誘導放射能と放射性降下物によるものがある。核分裂によって熱と爆風と放射線を生み出した核物質は放射能を出す物質となり、強い放射能をあびた土壌や建物の破片、コンクリートや金属が放射能を出す物質になった。これが誘導放射能で、爆心地周辺に滞在したり、直接被爆しなくても救援活動や肉親を捜して爆心地近くをさまよった人も、この誘導放射能によって被曝した。

爆発一〇分後、「きのこ雲」がつくられ、これらの放射性物質を含んで急上昇し、やがて市の北西部の広い範囲に、「黒い雨」「黒いすす」、目に見えない「放射性微粒子」の放射性降下物となって降りしきった。放射性降下物は身体や衣服、大気中や地面から外部被曝のかたちで人体に影響を与えたり、あるいは呼吸、食物や飲料水の汚染によって体の中に取り込まれ、「内部被曝」のかたちで悪い影響を与えた。残留放射線は長く地上にとどまり、爆発後百時間以内に爆心地から一キロの範囲にいた人々に影響を与えた。長時間にわたって地上に残された残留放射線によって、被爆後に入市した人々の中にも、直接被爆した人と同様に発病したり、死亡した人がいた。

◆急性放射線障害

原爆による被害の特徴は、これらの熱線、爆風、放射線が複雑に絡み合い、被爆者にダメージを与えたことである。即死を免れた人にもさまざまな障害が襲いかかった。身体の表面の二〇%以上にひどい火傷を負った人や外傷のひどい人は、被爆後数時間のうちに発熱、のどの渇きや嘔吐を訴え、ショック症状となって、ほとんどの人が一週間くらいで死亡した。

火傷や外傷が軽くても、大量の放射線を浴びた人々は、全身の脱力感や嘔吐に見舞われ、数日のうちに発熱、下痢、吐血、下血、血尿などの症状が出て一〇日前後で多くの人が死亡した。一〇日目が過ぎたころから、発熱、下痢、吐血、下血、血尿などのほか、脱毛、鼻や歯茎からの出血、皮下出血、口内炎などの症状が現れるようになり、死者の数はさらに増加した。被爆直後から一二月末まで続いたこのような症状を、急性放射線障害という。

◆放射線後障害

原爆による放射線は、被爆後の急性障害だけではなく、その後も長期にわたって、さまざまな障害を引き起こした。これを放射線後障害という。爆心地から二キロ前後までの地域で、熱線の直射による火傷を負った被爆者の半数に現れたケロイド。熱線による火傷が治ったあとが盛り上がったケロイドの発生は、被爆者に肉体的精神的な苦痛を与えた。胎内被爆者には知的障害や小頭症などが認められた。

被爆後五年ころからは白血病患者が増加し、被爆後一〇年ころからは甲状腺ガン、乳ガン、肺ガンなどいろいろなガン発生率が高くなってきた。目の後障害としてもっとも多い疾患は原爆白内障である。これらの後障害が高齢化した被爆者を今なお苦しめている。

放射線が年月を経てどのような影響を引き起こすのか、遺伝的影響についても、現在まだ十分に解明されておらず、今後の長期にわたる調査や研究が必要である。

1945 年８月20 日ごろ、国泰寺附近。木が立ったまま焼けている。（小尻勉／広島平和記念資料館提供）

❇原爆の特徴と戦後の被爆者

原爆による残虐性の第一の特徴は「大量殺人」である。原爆はたった一発で推定約一四万人を殺した。第二の特徴は「無差別殺人」である。原爆は戦闘員と非戦闘員とを区別しない。子どもも女性も老人も、無差別に殺した。一九八五年に、厚生省（当時）が実施した原爆死没者の調査では、被爆の日から一二月までの約五カ月間の死亡者は一〇代がきわめて多く、女性や子どもや老人などの非戦闘員が六割以上ということも判明している。第三の特徴は「長期・継続的殺人」である。原爆は、複雑で深刻な後障害を伴って、死ぬまで被爆者の健康や生活を脅かし続ける。若くして被爆した人の早死にやガンによる死亡の増加も明らかで、原爆の残虐性は、ほかに例をみない。原爆の悲惨さは、無差別大量破壊、大量殺戮にあるが、単に何人が死亡したかにとどまる問題ではない。「原爆は威力として知られたか。人間的悲惨として知られたか」（中国新聞社論説委員・金井利博）というように、核兵器の使用によって、どのような悲惨な状況が生まれたのかが、学び取られねばならない。

　また核兵器は、熱線や放射能の後障害によって、被爆者に長い年月にわたってダメージを与え、そのあげくに殺す悪魔の兵器である。死は被爆時のものだけではなかった。生き延びた被爆者は、家や財産を失い、日常生活もままならない中で後遺症や後障害にさいなまれ、偏見や差別に直面した。一九五一年の講和後、行政による被爆者援護が取り組まれはじめ、被爆後一二年目の一九五七年に「原爆医療法」、一九六八年には「原爆特別措置法」がそれぞれ成立、次第に援護策は拡充された。一九九四年、ほぼ半世紀経って二法を一本化して「被爆者援護法」が制定され、国の責任で、保健、医療、福祉にわたる総合的な援護対策を講じる道が開けた。

1945 年８月６日。炎天下を裸足で歩き、燃える京橋を無我夢中で渡る。（杉本知佐子／広島平和記念資料館提供）

　しかし国は、戦争被害への「受忍」政策で国家補償を求める被爆者運動と対立したために、国内の被爆者は原爆症認定をめぐる裁判を起こし、外国人被爆者は在外被爆者への差別的対策の見直しを求める裁判を起こすなどの闘いが続いた。

※被爆者運動とヒロシマの願い

　一九五六年に結成された日本被爆者団体協議会（日本被団協）は、「核兵器廃絶」と「原爆被害者への国家補償」の要求を軸とする運動をスタートさせた。一九八〇年に発表された厚生省の原爆被爆者対策基本問題懇談会（略称「基本懇」）の「基本懇答申」が、「戦争の被害はすべての国民がひとしく受認しなければならない」としたため、日本被団協は激しく反発した。日本被団協の「基本要求」は、原爆被害を絶対に「受認」できないこと、核兵器は「絶滅」だけを目的とした絶対悪の兵器であり、核兵器の廃絶が一刻の猶予もできない課題であることを述べたうえで、国が「ふたたび被爆者をつくらない決意」を込めて、原爆被害への「国家補償」を求めている。

二一世紀を迎えたが、核兵器廃絶は実現せず、被爆者の高齢化がすすむ。日本被団協は、二〇〇一年六月五日、「憲法が生きる日本、核兵器も戦争もない二一世紀を」と呼びかける「二一世紀被爆者宣言」を発表し、「私たちは、生あるうちにその『平和のとびら』を開きたい、と願っています。日本国政府が戦争責任を認めて原爆被害への国家補償を行い、非核の国・不戦の国として輝くこと。アメリカが原爆投下を謝罪し、核兵器廃絶への道に進むこと——そのとびらを開くまで、私たち被爆者は、生き、語り、訴え、たたかいつづけます」と決意を表明している。

「廣島からヒロシマへ」の歴史の移り変わりから、再び武器をとらない、非暴力・平和の道を歩もうと決意した被爆者とともに、核兵器廃絶のとびらを開く仕事が、私たちには残されている。

Ⅱ　爆心地を歩く

〈執筆〉澤野　重男

被爆の象徴・原爆ドーム

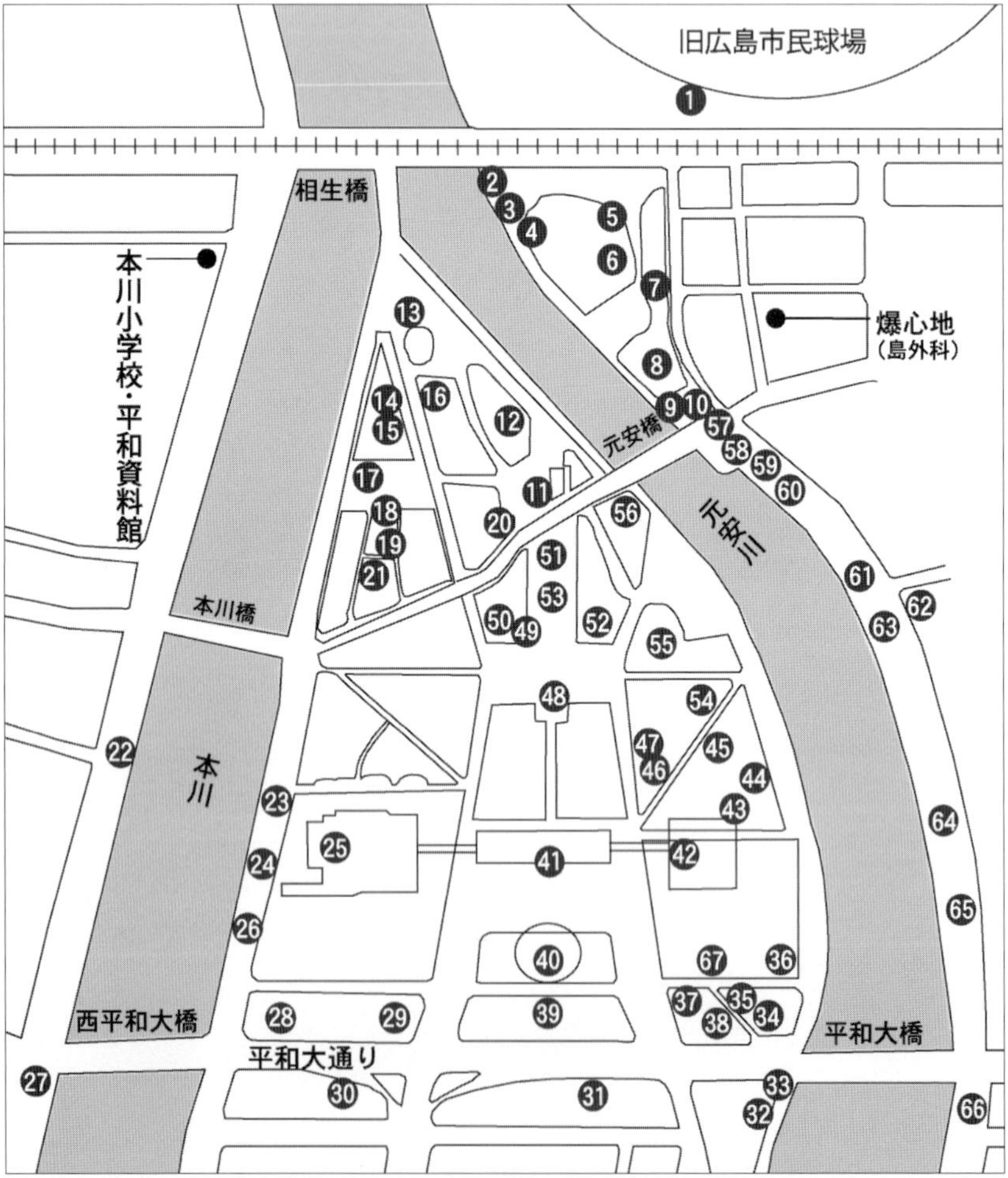
旧広島市民球場
相生橋
本川小学校・平和資料館
爆心地
(島外科)
元安橋
元安川
本川橋
本川
西平和大橋
平和大通り
平和大橋
1
2
3
4
5
6
7
8
9
10
11
12
13
14
15
16
17
18
19
20
21
22
23
24
25
26
27
28
29
30
31
32
33
34
35
36
37
38
39
40
41
42
43
44
45
46
47
48
49
50
51
52
53
54
55
56
57
58
59
60
61
62
63
64
65
66
67

❶世界の子どもの平和像
❷鈴木三重吉文学碑
❸旧相生橋碑
❹中国四国土木出張所職員殉職碑
❺広島県地方木材統制（株）慰霊碑
❻原爆ドーム
❼原民喜詩碑（佐藤春夫の詩碑の記）
❽動員学徒慰霊塔
❾広島市道路元標
❿花時計
⓫原爆の子の像
⓬平和の石塚
⓭平和の時計塔
⓮遭難横死者慰霊供養塔
⓯原爆供養塔
⓰平和の鐘
⓱平和の石燈
⓲韓国人原爆犠牲者慰霊碑
⓳被爆した墓石（慈仙寺跡の墓石）
⓴平和の泉
㉑平和乃観音像
㉒常夜燈
㉓義勇隊の碑
㉔広島二中原爆慰霊碑
㉕広島国際会議場
㉖広島市商・造船工業学校慰霊碑
㉗慈母の像
㉘原爆犠牲国民学校教師と子どもの碑
㉙平和の像「若葉」（湯川秀樹歌碑）
㉚友愛碑
㉛平和の門
㉜旧天神町南組慰霊碑
㉝広島市立高女原爆慰霊碑
㉞マルセル・ジュノー博士記念碑
㉟ノーマン・カズンズ氏記念碑
㊱朝鮮民主主義人民共和国帰国記念時計
㊲平和記念ポスト
㊳平和の塔
㊴嵐の中の母子像
㊵祈りの泉
㊶広島平和記念資料館　本館
㊷広島平和記念資料館　東館
・ローマ法王平和アピール碑
㊸被爆したアオギリ
㊹全損保の碑
㊺峠三吉詩碑
㊻被爆したハマユウ
㊼材木町跡碑
㊽原爆死没者慰霊碑（広島平和都市記念碑
㊾平和祈念像（草野心平の詩碑）
㊿菩提樹の碑
51平和の灯
52祈りの像
53平和の池
54旧天神町北組慰霊碑
55国立広島原爆死没者
56レストハウス（観光案内所・売店）
57広島郵便局職員殉職碑
58平和祈念碑
59原爆犠牲建設労働者・職人之碑
60「平和の祈り」句碑
61原爆犠牲ヒロシマの碑
62石炭関係原爆犠牲者追憶之碑
63広島瓦斯（株）原爆犠牲者追憶之碑
64広島県農業会原爆物故者慰霊碑
65毛髪碑
66被爆動員学徒慰霊慈母観音像
67バーバラ・レイノルズの碑

いうまでもないことだが、「あの日」からもう六〇年以上の歳月がたっているのだから、広島はかつての瓦礫の堆積ではない。広島駅から電車かバスに乗り、近代的なビル街をぬって西へ進む間にも、あなたの目に入るものは、戦後いちはやく復興を果たし、高度経済成長の波に乗って急速に発展した街の姿だけだ。

だが中心街の八丁堀や紙屋町をすぎて、さらに西へ進むと、目の前に、とつぜん鉄骨の丸屋根をさらけ出した建物があらわれて、あなたはそこが人類最初の被爆地・広島であることを知るのである。原爆ドームは、ヒロシマの爆心地の象徴である。

❇原爆ドーム

一九四五年八月六日、アメリカが投下した原子爆弾は、実際にはこの原爆ドームから東南一六〇メートルの地点、島病院の上空約六〇〇メートルで炸裂した。

〔原爆ドームの所在地は中区大手町一丁目一〇番、旧町名は猿楽町〕

〔島病院の所在地は中区大手町一丁目五番二五号、旧町名は細工町〕

空中に発生した火球は一万分の一秒後に直径二八メートル、摂氏三〇万度の火球を形成し、一秒後には最大直径二八〇メートル、表面温度は五千度となった。強烈な熱線と放射線が市街地をおおい、圧倒的な爆風が瞬時に建物を破壊し、人を殺りくしたのであった。

大量かつ無差別に殺傷された人間は、その年の一二月末までに、約一四万人に達した。朝鮮人をはじめとする、日本の植民地支配と侵略戦争の被害を受けた国・地域の人びとや、連合軍の捕虜を含めて、二〇数カ国・地域の外国人も死傷した。

原爆ドームのもとの名前は「広島県物産陳列館」で、チェコ人の建築家ヤン・レツルが設計し、一九一五年に完成した。広島県産品の国内販路を拡大する拠点としての役割を担う施設であった。レンガ造りの地上三階（一部五階）建て、地下一階で、緑青《ろくしょう》をおびた銅板ぶきの丸屋根を中央にかかげ、外側をモルタルで仕上げた、美しい建物であった。

玄関を入ると、吹き抜けの天井が高く広がり、壁面にそって螺旋状の階段がとりつけられ、各階をつないでいた。

島病院の前にある爆心地の碑

一九二一年に「広島県商品陳列所」、一九三三年には「広島県産業奨励館」と改称して、広島県の産業振興をにない、各種の展示会や展覧会などの会場となって、県の文化振興を支えた。戦時下の一九四四年からは、館としての業務は廃止、内務省の中国四国土木出張所や木材関係の統制組合の事務所として利用されていた。

被爆当時、館内にいた二、三〇人は、全員即死した。建物は一瞬にして大破し、炎上した。

爆風がほぼ真上から来たため、外壁の一部は倒壊を免れ、中央のドームの鉄骨とともに残った。

被爆後の廃墟の中で、鉄骨と外壁の残骸をさらす、すでに建築的機能をなくした建物は、いつしか「原爆ドーム」と呼ばれるようになり、原爆の惨禍を後世に伝え、核廃絶を世界に訴える、ヒロシマのシンボルとなった。

戦後、「危険だから取り壊す」「被爆の惨状を思い出したくないので取り壊す」などの意見も出たが、保存を望む被爆者や市民、内外の世論に守られ、一九六七年に第一回目の保存工事、八九年に第二回目の保存工事が行われた。二度にわたる募金運動の結果、募金額は四億六三〇〇万円にものぼり、ドーム保存への関心の高さを示した。

一九九六年には、原爆ドームは厳島神社とともに、世界遺産に登録されたが、この時の世界遺産委員会では、米国と中国が棄権している。米国は、原爆を使用した国として原爆投下を正当化する立場を固持し、中国は、日本が加害の歴史を忘れて被害の象徴として原爆ドームを持ち出したと主張したのである。世界遺産としての原爆ドームの正式名称は、「広島平和記念碑（原爆ドーム）」である。最終的に、「平和」を象徴しているからこそ世界遺産にふさわしい、と考えられたことを記憶すべきである。当時の広島市長として、「原爆ドーム世界遺産化推進委員会」の会長に就任し、遺産化実現の牽引役を果たした平岡敬氏の言葉をかかげる。胸に刻みたい。

《現代は核時代と言われ、地上には数多くの核兵器が存在しています。軍縮の話し合いは進んでいるが、なかなか核兵器はなくならない。私たちは今なお、核兵器の脅威の下で暮らしている。

でも、こうしたことを、私たちはしばしば忘れてしまうんですね。それを思い出させてくれる存在が、原爆ドームなのです。見るたびに人類に反省を強いる――。そんな存在としてドームがあるのです。この遺産をないがしろにすると、人類は核兵器で滅びてしまうかも知れない。人類が生き延びていくために保存しなくてはならない遺産なのです。（朝日新聞広島支局『原爆ドーム』朝日文庫）》

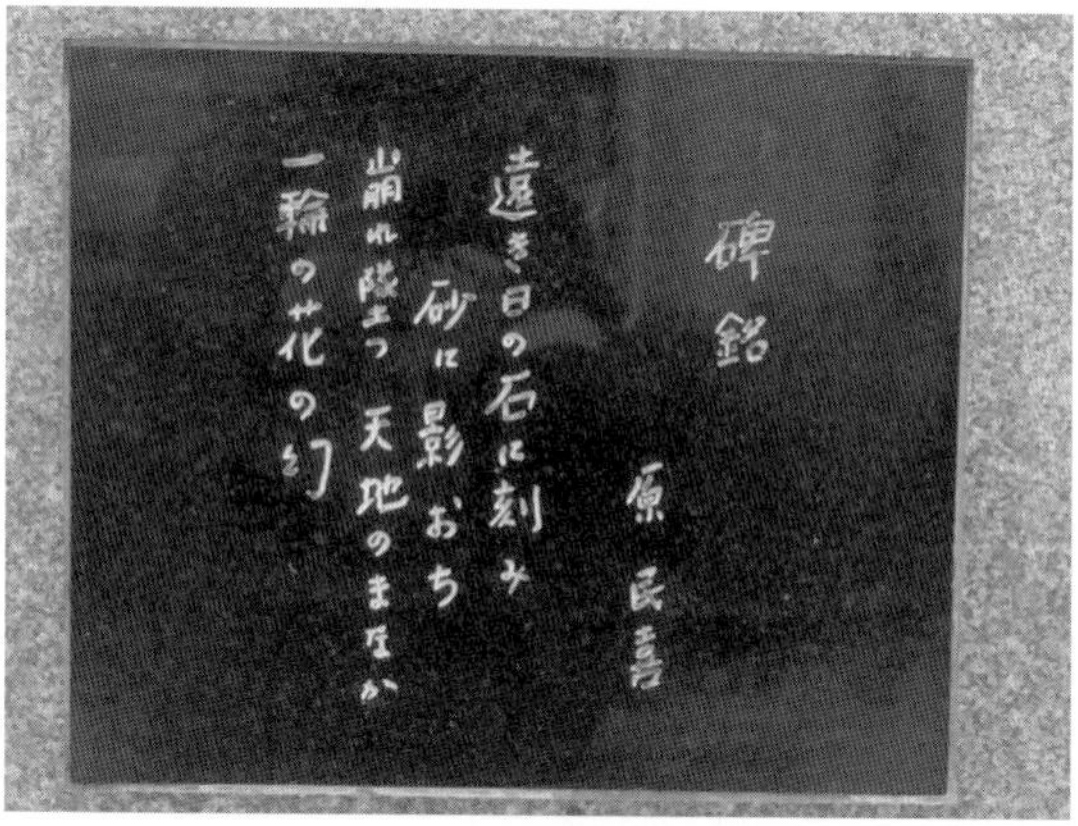

原民喜詩碑

※原民喜詩碑

ドームを東にまわり込むと、小さな碑が建っている。「原民喜詩碑」である。

「遠き日の石に刻み／砂に影おち／崩れ墜つ／天地のまなか／一輪の花の幻」

この碑文は、「碑銘」と題して遺書とともに残されていた彼の絶筆である。この詩碑は一九五一年一一月に、彼の友人たちの手で広島城跡に建てられた。だが、心ない投石の標的にされて陶板の碑面は破損し、裏面にはめこまれた佐藤春夫の由来記の銅板までが抜き去られた。現在の碑は、一九六七年に『原民喜全集』が刊行されたのをきっかけに、詩碑改修が提起され、原爆ドーム横の現在地に移設されたものである。

「もし妻と死別れたら、一年間だけ生き残ろう。悲しい、美しい一冊の詩集を書き残すために」と書いた原民喜は、妻・貞恵さんの一回忌を直前にした一九四五年八月六日の朝、広島市中区幟町の生家にいて、被爆した。

《突如　空襲　一瞬ニシテ　全市街崩壊　便所ニ居テ　頭上ニ　サクレツスル音アリテ　頭ヲ打ツ　次ノ瞬間　暗黒騒然（原民喜「原爆被災時のノート」より）》

被爆をきっかけに原民喜の原爆文学は誕生する。「原民喜は頑丈なつくりの家の便所にいてさいわいに生きのこった。そのとき、かれは『今、ふと己が生きていること、その意味』（『夏の花』）にはっと弾かれ、『このことを書き残さねばならない』（『夏の花』）とつぶやく。そしてかれは、『夏の花』、『廃墟から』、『壊滅の序曲』、『魔のひととき』、『鎮魂歌』、『心願の国』などの小説や、『原爆小景』、『魔のひととき』などの詩篇を書きあげてゆく」（増岡敏和『広島の詩人たち』新日本新書）。

原民喜が『原爆小景』の中に書いた、

《水ヲ下サイ／アア　水ヲ下サイ／ノマシテ下サイ／死ンダホウガ　マシデ／死ンダホウガ／アア／タスケテ　タスケテ／水ヲ／水ヲ／ドウカ／ドナタカ／オーオーオーオー／オーオーオーオー》

というのも、

《コレガ人間ナノデス／原子爆弾ニ依ル変化ヲゴラン下サイ／肉体ガ恐ロシク膨張シ／男モ女モ

スベテ／一ツノ型ニカヘル》

というのも、

《私ノ見タトコロデモ　死骸ハ大概同ジヨウナ形ニナッテヰタ　頭ガヒドクフクレ　顔ハマル焦ゲ胴体モ腕モケイレン的ニフクレ上ガッテヰル　火傷者ノ腕ニ蛆《うじ》ガ湧イタリスル　十三日後ニナッテモ広島市デハマダ整理ノツカヌ死骸ガ一万モアルラシク　夜ハ人魂ガ燃エテヰルト云フ（「原爆被災時のノート」より）》

このように真っ黒焦げになって男女の判別もつかない被爆者たちを見つめながらすごした、自らの尋常ならざる体験に根ざして、書かれたものであった。

広島大学名誉教授の水島裕雅氏は、「私は約二〇年前、広島で開かれていた『原民喜展』で、原さんが被爆して逃げ、東照宮で野宿をする途中に『夏の花』のもとになるメモを書き留めた手帳を見て、『自分の命も危ない時にこんなものを書き留めるとは』と強い文学者魂に衝撃を受けました。その原動力の秘密を知りたいと思ったのが、原爆文学を本格的に学ぶきっかけでした。原さんの全集を読み、そこで原さんが戦前から、軍国主義体制に抵抗する気持ちを抱いていたことを知りました」（読売新聞、二〇〇二年五月八日、「語りたい伝えたい　ヒロシマ」）と語る。

原民喜らの「原爆文学」について、水島氏は「人類の絶滅をも意味する核戦争の体験を他の人々に伝えようとする文学的行為には『けだかい品位』を感じざるを得ない」（「気格を高尚にする文学」）と書く。「気品」と「品格」をあわせた「気格」を高尚にする数々の作品を残した原民喜であったが、朝鮮戦争がはじまった翌年の一九五一年三月一三日、東京の吉祥寺と西荻窪の間の鉄路に身を横たえて自死した。享年四五歳。

原民喜詩碑から、道路を東へわたって一区画先にすすめば、島外科内科病院だ。原爆は、T字型の相生橋《あいおいばし》を目標に一万メートル上空から投下され、この病院の玄関の直上六〇〇メートル±二〇メートルの地点で爆発した。病院のそばには、被爆直後の写真をはめ込んだ説明板が設置されている。

❇レストハウス・爆心地の語り部

レストハウスは中島町に現存する唯一の被爆建物

元安橋をわたってすぐのところにあるのが「レストハウス」で、中島町（旧町名は、中島本町、材木町、天神町、元柳町、木挽町、中島新町の六町）に現存する、唯一の被爆建物である。爆心地から南西一七〇メートルの至近距離にあり、地下室をのぞいて全焼した。

平和公園にあるもうひとつの被爆建物（原爆ドーム）は、大破しながら世界遺産となったが、この建物は破損した箇所に補修を加えながら利用され続け、現在も観光案内所・売店などの機能を持つ休憩所（レストハウス）として利用されている。

一九二九年に対岸の細工町から新築移転した「大正屋呉服店」の店舗がレストハウスの前身で、当時としてはめずらしい鉄筋コンクリート造り地上三階、地下一階のモダンな建物であった。戦時中は、繊維統制令により呉服店が閉鎖された後は、広島県燃料配給統制組合に接収され、「燃料会館」となった。被爆当日は、三七人の職員が出勤しており、八人が脱出したが、その後、地下室で被爆した一人をのぞく全員が死亡した。

生き残ったのは野村栄三さん（当時四七歳）で、あの日の爆心地の生き証人である。書類を取りに地下室へ降りていて、奇跡的に生存したのである。広島市の編纂した『広島原爆戦災誌』に、「爆心に生き残る」という野村さんの手記が載っている。

《地下室は建物の三分の一の広さで、十坪余りの狭いもので、いつも電灯がついている。書類が見当らないので、あちこち探して階段下の金庫のところに来た。その時だった。ドーンというかなり大きな音が聞こえた。とたんにパッと電灯が消え、真暗になった。同時に頭に二、三カ所、硬い小石のようなものが当った。…（必死で脱出すると）外は真黒い煙で暗い。半月位の明るさだ。…急いで元安橋のところへ来た。ふと橋の上を見ると、中央手前のあたりに、まる裸の男が仰向けに倒れて、両手両足を空に伸ばして震えている。そして左腋下のところに何か円い物が燃えている。橋の向かい側は黒煙で覆われて、炎がチラチラ燃え立ちはじめて見える。…（さらに逃れて）四囲を見渡すと、地上も空も真っ黒い煙だ。その煙の中に今やっと逃れてきた組合の建物がぼーっと建っている。…（やがて火がつき、火勢が次第に拡がり、黒煙が竜巻のように舞い上がる。そして）元安川の水の一部が盛り上がったと思ったらクルクルと円柱となって空高く舞い上がった。水の竜巻だ！　その中から風下に水が落ちている。火勢は熾烈だ。川向かいの煙が火の粉とともにわれわれに襲いかかった。》

中島町を必死で脱出した野村さんは、六日の午後には、広島市西郊の廿日市《はつかいち》に到着している。その後、原爆症に苦しんだが、幸い一命を取り留めた。

一九七六年八月六日の平和公園、七八歳になった野村さんの話を、私は教え子の生徒とともに聞いたことがある。

《高校生の中には、被爆二世もおり、祖父や祖母、親類を原爆に奪われた生徒もいる。「被爆体験をどう伝えるべきですか」「私たちは何をすればよいのでしょうか」という真剣な問いかけに「被爆体験を語り伝えるのは苦しく、難しい。だが、どんなことがあっても戦争はすべきでなく、被爆者は、口を開き、自らの体験を語るのが使命だと思う」と野村さんは語り、ひと言も聞きもらすまいとする女子高校生グループとの対話を、「世界初の被爆地、ヒロシマの女性たちが立ちあがり、日本中の女性と手を結ぶこと。そして戦争と原爆に反対する声を世界の人たちに広げることじゃ」と結んだ。（一九七六年八月七日「読売新聞」）》

野村さんは、一九八二年に八四歳で他界したが、彼とともに爆心地の姿を見つめてきたこの建物は、野村さんの亡くなった八二年からレストハウスとして利用され、原爆の「語り部」としての貴重な役割を果たしている（被爆の痕跡を残す地下室は、観光案内所で手続きすれば見学可能である）。

✻原爆の子の像

原爆の子の像

レストハウスの北側には、「原爆の子の像」がある。二歳で被爆し、一〇年がすぎて白血病で亡くなった少女・佐々木禎子の死をきっかけに、広島の子どもたちが取り組んで、建設した碑である。

彼女は、爆心地から一・六キロメートルの広島市楠町の自宅で被爆したが、無傷であった。幟町小学校時代、スポーツが得意で、足の速い、健康な少女に異変が起きたのは、六年生の時のことだ。一九五五年二月、広島赤十字病院に入院したが、原爆の放射線による後遺症と考えられる亜急性リンパ性白血病を発症していた。全快を祈って「千羽鶴」を折り続けたが、願いはかなわず、一〇月二五日に永眠した。解剖の結果、甲状腺の癌《がん》も判明した。彼女を忘れないために、そして原爆の犠牲になった子どもたちみんなのために、平和記念公園に像をつくろうと思い立った中学生たちの活動は、広島から全国へ、そして遠く海外へも広がり、世界に核兵器廃絶を呼びかける運動となっていった。

「原爆の子の像」は、一九五八年の五月五日、「子どもの日」に建立除幕した。像の制作者は菊池一雄氏で、高さ六メートルのドーム型の台座の上に、折り鶴を支え持つ少女像がのる。像は台座とあわせると、高さが九メートルあり、像の下には碑文が刻まれている。

「これは私たちの祈りです／これは私たちの叫びです／世界に平和をきずくための」

※平和記念都市建設法—広島復興の道すじ

現在の平和公園には、被爆資料の展示や平和学習の場としての「広島平和記念資料館（原爆資料館）」、原爆死没者を追悼し被爆体験を継承する「国立広島原爆死没者追悼祈念館」、国際交流の拠点となる「広島国際会議場」や「広島平和都市記念碑（原爆慰霊碑）」など、多くの施設や碑がある。つぎに訪ねるのは「原爆慰霊碑」だが、その前に平和公園のなりたちについてふれておこう。

広島市の復興計画については、戦後多くの構想が提案された。一九四六年秋には復興都市計画が決定したが、財政難のため、復興事業は遅々として進まなかった。爆心地の中島地区を公園にするプランも停滞したが、一九四九年には公園の設計公募が行われ、丹下健三グループが選ばれた。

広島市の復興に決定的な役割を果たしたのは、「広島平和記念都市建設法」である。被爆によって、広島市の人も物も失われた。国家の援助がなければ、復興を考えることは困難であった。当時の広島市長・濱井信三氏は、政府の特別補助金と旧軍用地など国有地の払い下げを求めたが、戦災都市は広島に限らないという理由で、拒絶されていた。

《どうしてもそれを実現しようとすれば、特別法を制定するしかなかった。…普通の状態であれば、広島市に特別法を制定することが可能だったとは思われないが、占領下であったために連合軍最高司令官総司令部（ＧＨＱ）を動かすことができれば、なんとかなるという余地があった。ＧＨＱが認めたものであれば、日本政府も異を立てることができない。濱井市長や任都栗《にとぐり》司《つかさ》市議会議長らによる陳情や、県選出議員の運動などに加えて、広島市出身の参議院議事部長・寺光忠によって法案が起草された。（広島市『被爆五〇周年・図説戦後広島市史―町と暮らしの五〇年』）》

法案作成作業とともに、ＧＨＱや政府、国会への働きかけが続いた。一九四九年五月一〇日、広島平和記念都市建設法は、満場一致で衆議院を通過した（翌日、参議院でも満場一致で可決された）。この法律は、同年七月七日に広島市の住民投票に付された。投票率は六五％であったが、賛成九割強の絶対多数の賛成票を得て、八月六日に公布された。

《この法律の最も大きな意義は、「恒久の平和を実現しようとする理想の象徴として広島市を建設する」という、復興広島市の建設の精神が、法文第一条にはっきりと謳われていることである。（濱井信三『原爆市長―ヒロシマとともに二〇年』朝日新聞社）》

この法律によって、「恒久平和」をめざす都市建設の方向が定まり、復興への道すじが開けた。だが、占領下の特殊な事情とはいえ、ＧＨＱへの工作が重視されたために、原爆を使用したアメリカの責任にふれることはなかった。「広島平和都市建設法――これは、復興途上の広島市にとって、現代の〝打ち出の小槌《こづち》〟であった」（濱井信三）。国の財政的な支援や旧軍用地などの国有地の無償払い下げによる「復興」という現実主義的な選択が、すべてに先行した。

原爆慰霊碑

原爆慰霊碑碑文

ともあれ、この広島平和記念都市建設法に支えられて、平和記念公園や一〇〇メートル道路、その他の道や橋や住宅などの都市基盤が整備された。

❇原爆慰霊碑

平和公園の中央にあるのが「広島平和都市記念碑」、通称「原爆慰霊碑」である。慰霊碑は、「犠牲者の霊を雨露から守りたい」という気持ちを込めた埴輪《はにわ》の家のかたちで、一九五二年八月六日に完成した。

慰霊碑のデザインは当初、丹下健三が推薦した彫刻家のイサム・ノグチの設計案に内定していたが、広島平和記念都市建設委員会で強硬な反対論（日系アメリカ人というノグチの出自を理由に難色を示す意見があった）があって採用できなかったために、ノグチ案を生かすかたちで丹下が再デザインすることになった（イサム・ノグチのデザインした慰霊碑の五分の一模型は、広島市現代美術館にある）。埴輪の家に守られた石棺には、名前の判明した死没者二六万九四四六人の名簿九六冊と、「氏名不詳

者多数」と記された一冊（二〇一〇年八月六日現在）が納められている。石棺には、

「安らかに眠って下さい／過ちは／繰返しませぬから」

という碑文が刻まれている。この碑文は、当時一般から公募した文案をもとに、濱井信三市長の委嘱をうけた雑賀忠義《さいがただよし》広島大学教授（当時）が選び、みずから揮毫したものである。

この碑文を示されたとき、「さすがにいい碑文だ」と思った濱井市長の考えは、次のようなものだった。

《この碑の前にぬかずくすべての人びとが、その人類の一員として、過失の責任の一端を担い、犠牲者に詫びることの中に、私は、反省と謙虚と寛容と固い決意とを見いだすのであって、その考え方こそが、世界平和の確立のためにぜひ必要だと考えた。この碑の前に立つ人は日本人だけではない。それがどこの国の人であろうと、同じ考えでなくてはならないと思ったのである。（濱井前掲書）》

ところが、この碑文が俄然問題となり、賛否がわいたのである。この文章には主語がない。「過ち」とは誰の過ちなのか。反対論者は、「われわれは何も過ちを犯していないのに、われわれが過ちを繰り返さないなどという、そんなバカげたことがあるか」というのである。

一九五二年一一月には、極東軍事裁判にインド代表判事として参加したパール博士が、広島へ来て

慰霊碑の碑文を非難したということが、新聞に大きく載った。慰霊碑に参拝した翌日、博士は濱井市長に、「過ちは繰り返しませぬから」とはどういう意味かとたずねている。市長は、原子爆弾のような残虐な兵器で皆殺しにするなどということは許されるべきではない。同時に、戦時中に日本兵がやったといわれる南京やマニラの虐殺も同じである。「(アメリカも日本も)犯した罪は罪として、お互いに詫びるべきは詫び、再び過ちを繰り返さないように深く心に誓うことのみが、ただ一つの平和への道であり、戦争犠牲者へのこよなき手向けではないだろうか」という立場から、「この碑の前にぬかずくすべての人びとが」という前述の考えを説明した。

博士も賛同したというが、「日本人はアメリカの残虐な行為を是認する気持ちになっているのではないか」、「原爆の罪悪をはっきりとアメリカ人に認めさせねばならない」という博士の考えが、碑文反対論者に力を与えたようであった。この論争は結局、碑文の選者である雑賀忠義氏の、主語は「われわれ」であって、それは人類全体を意味するのだという説明があって、決着がはかられた。

だが、その後も広島ではこの「碑文論争」が繰り返され、必ずしも決着がついているとはいえない。アメリカも日本も、「犯した罪は罪として、お互いに詫びるべきは詫び、再び過ちを繰り返さないように深く心に誓うこと」を実現しているとは到底いえないからである。「われわれ」が人類全体を意味するのだという説明が説得力を持つためにも、日米が果たすべき責任は重い。「戦争犠牲者へのこよなき手向け」は、じつはまだほんとうには実現していないのである。

さて、「原爆慰霊碑」から「原爆資料館」までの芝生広場の広い空間は、原爆犠牲者への慰霊の場であると同時に、市民や観光客の憩いの場となっている。「原爆慰霊碑」を背にして左手に元安川、左前方に「資料館・東館」が見えるところまですすむと、「峠三吉詩碑」と「全損保労働組合被爆二〇周年記念碑」がある。この二つの碑を訪ね、さらに資料館の南側に出て、反核平和のモニュメントのいくつかを訪ねてみよう。

※峠三吉詩碑

原爆の惨禍を告発し、反戦反核を歌い、若くして亡くなった峠三吉の詩碑は、一九六三年八月六日に建立・除幕した。この詩碑には、

峠三吉詩碑

「ちちをかえせ／ははをかえせ／としよりをかえせ／こどもをかえせ／わたしをかえせ／わたしにつながる／にんげんをかえせ／にんげんの／にんげんのよのあるかぎり／くずれぬへいわを／へいわをかえせ」

と刻まれている。これは『原爆詩集』の「序」として書かれたもので、「一家全滅」と「人類絶滅」をつなげて、原爆の悲惨さと犯罪性を見事に告発している。

峠三吉は二八歳の時、爆心地から三キロ離れた翠町の自宅で被爆した。自らも傷つき、ひどい下痢と原爆症に悩まされながらも、知人を探し歩いた。

一九五〇年に朝鮮戦争が始まり、アメリカが原爆使用を検討中であることがわかると、峠は抗議の意思を込めて『原爆詩集』を書き上げた。このほかに、原爆を体験した子どもたちから老人までの詩を集めた『原始雲の下より』の編集もすすめた峠は、さらに「叙事詩広島」の構想を実現するために、再度国立広島療養所に入院。肺葉摘出手術を受けたが、原爆に犯された身体は手術に耐えられず、一九五三年三月一〇日未明、心臓衰弱によって死亡した。享年三六歳。「病弱なからだで血を吐きながら、はげしい戦いをいどみつづけた。告発であり、弾劾であり、惨劇の実相であり、そのなかでの人間の讃歌であった。それはいのちを削る戦いであった」（御庄博美／詩人・医師）。

❇全損保労働組合被爆二〇周年記念碑

峠三吉詩碑の東隣には、全日本損害保険労働組合（全損保）広島地方協議会が、被爆二〇年を記念して、一九六五年八月六日に建立した碑がある。

「あの日」、損害保険関係の職場では、約二〇〇人が働いており、八九人が犠牲となった。

広島地方協議会は、碑の建立にあたって全国に募金を呼びかけ、碑文や碑の形なども公募している。

箱形の御影石の上の面を斜めに切り取った部分に、次のような碑文が刻まれている。

「なぜ／あの日は／あった／なぜ／いまもつづく／忘れまい／あの／にくしみを／この誓いを」

碑文の作者は、被爆した保険会社員だという。「八・六、広島」があったのはなぜか、という歴史的な問いかけ、「八・六、広島」の悲惨と恐怖がなぜいまもつづくのか、という問いかけをもった碑はめずらしい。広島にある原爆モニュメントの中で、もっとも思想性の高い碑文である。さらに「あのにくしみ」と「この誓い」を忘れまいというのも、独特である。「あのにくしみ」とは何か。「この誓い」とは何か。この小さな碑の前に来ると、ついつい、いろいろなことを考えてしまう。

全損保二〇周年記念碑

ともあれ、「なぜだろう」「なぜなのか」と考えることを放棄したときに、民主主義の危機がはじまるのである。われわれは、全損保の碑の重要な問いかけに答えられるだろうか。

❇嵐の中の母子像

資料館の南側へ出ると、大噴水のむこうに「嵐の中の母子像」がある。作者は「わだつみの像」の本郷新で、一九六〇年八月五日に除幕式がとりおこなわれた。

それより前、一九五九年に第五回原水爆禁止世界大会が広島で開かれた際、原水爆禁止日本協議会が広島市に嵐の中の母子像の石膏像を寄贈した。その後、この大会の成功のために尽力した広島市婦人会連合会が、平和公園内にこの像をブロンズ像にして設置することを決め、一口二〇円募金を全国に呼びかけ、母親たちの努力で建立された。

右手で乳飲み子を抱え、左手で幼児を背負おうとしながら、前傾姿勢で襲いかかる業苦に耐える母親の姿に、全国の母親たちは平和への強い願いを託した。

一九五二年に本郷新は、フランス、オーストリア、チェコスロバキア、ソ連を訪れて、美術館を見学し、各国の彫刻家、画家、評論家と交流している。帰国後はより日本的なものである仏教美術を求

嵐の中の母子像

めて、京都、奈良を訪れた。本郷新記念札幌彫刻美術館のホームページには、学芸員の井上みどり氏の次のような解説がある。

《西洋美術と東洋美術を本郷なりに消化して制作したのが、嵐の中の母子像でした。本郷は、西洋の愛と慈しみの象徴としてのマリアとキリスト像とは違う母子像を作ろうとします。また、「仏教美術とも違う、現代の日本における母子像とは何か」を探求します。そしてたどり着いたのが、戦後日本の母と子が置かれている厳しい状況を造形化することでした。（「学芸員の解説と写真で見る本郷新の作品」）》

井上氏の解説によると、本郷自身は、「嵐の中の母子像は、いつ離れ離れになるかも知れぬという不安と、非常な事態の中での愛情の危機、もしくは極限の状態です。このとことんまで生きようとする母子の像を通じて人間の生命の尊厳を象徴づけたつもりです」と語ったという。もともと「嵐」は原爆のみを意味するものではなかったが、広島の平和公園にあることによって、原爆をイメージするものとなり、原爆の「嵐の中」で、子どもたちとともに懸命に生きぬこうとする母親の姿をあらわす、反核平和のモニュメントとなったのである。

嵐の中の母子像は広島の平和公園のほか、札幌市の北海道立近代美術館前庭、長万部《おしやまんべ》町平和祈念館前庭、京都市の立命館大学国際平和ミュージアム内で見ることができる。

ブロンズ像の原型となった原寸大の石膏像は、現在、札幌市の本郷新記念札幌彫刻美術館に展示されている。

原爆犠牲国民学校教師と子どもの碑

❇原爆犠牲国民学校教師と子どもの碑

嵐の中の母子像の西には、「原爆犠牲国民学校教師と子どもの碑」がある。

太平洋戦争に突入した一九四一年、小学校は「国民学校」と名前を変え、戦争の激化とともに、三年生以上の児童は「学童疎開」で親元を離れさせられた。そのため、広島市内に残っていたのは、親元から毎日登校していた一、二年生の小さな子どもたちと、連日市内の建物疎開作業に動員されていた高等科の生徒たち（現在の中学校一、二年生）で、その数は約二千人程度といわれる。子どもたちの指導や引率をしていたのは、男の教師の多くが軍隊に行ったり、学童疎開に付き添っていたりしたため、大方は女性教師であり、その数は約二〇〇人ほどであった。

一九七〇年、広島県被爆教師の会は被爆二五年の記念事業として、犠牲となった国民学校児童と教師のための慰霊碑を建立することを決め、小中学校の校長会、ＰＴＡ、教職員組合なども発起団体に参加して、募金運動がはじまった。そして広島県下の学校の児童会、生徒会、教師、父母などを中心に、一四一三万円余の募金が集まり、一九七一年八月四日にとりおこなわれた碑の除幕式には、児童・生徒ら二千人以上が参加した。

比治山女子短期大学の芥川永《あくたがわひさし》氏が制作したモニュメントは、「息絶えた子どもをくずれ折れそうになりながら抱える女性教師。水平に突き出された子どもの頭部や昂然と虚空に向けられた教師の顔はせめての悲憤の表現だろうか。像の構成がピエタのようにもまた十字架のようにも見えるのは偶然ではないだろう」（高木茂登「遠くの声―芥川永の彫刻」）というように、原爆の地獄にあってもなお人間性を失うことのなかった人たちの気高さを示している。

台座裏の銅板に刻まれた碑文は、被爆者であり、歌人である正田篠枝氏の歌集『さんげ』からとられたものである。

「太き／骨は／先生ならむ／そのそばに／小さきあたまの骨／あつまれり」

歌集『さんげ』は、一九四六年に連合軍最高司令部（ＧＨＱ）によるプレスコード（言論統制措置）の検閲をかいくぐって、広島市内の吉島刑務所の印刷部で秘密出版された。正田氏は『さんげ』をつくった事情を、「その当時はＧＨＱの検閲がきびしく、見つかりましたら、必ず死刑になるといわれました。死刑になってもよいという決心で、身内の者が止めるのに、やむにやまれぬ気持ちで、秘密出版いたしました」と書いている（宮本善樹『平和公園』、広島文化出版）。

碑建立のための募金運動の趣意書「原爆犠牲国民学校教師と子どもの碑建立についてのお願い」を見ると、その冒頭には、「太き骨は先生ならむ」の歌がかかげられ、次の呼びかけで締めくくられている。「みなさん、あのあつい炎の中で、互いに抱きあい助けあい呼びあい、そして、力つきて共に集まり、燃えきっていった師弟たち、その白骨の中に限りない生命の声を今にして聞きとり、これを互いに継承しなければならないと考えます」。

原爆死をとげた多くの先生と子どもたちの無残な死を思い、慰霊し、継承する碑としよう。そして原爆・平和教育に取り組む決意の碑としよう。

碑をつくった人びとは、そう呼びかけている。

※広島市立高女原爆慰霊碑

広島市高女原爆慰霊碑

原爆犠牲国民学校教師と子どもの碑の北、本川の土手には、「広島市立商業学校・広島市立造船工業学校原爆戦没者慰霊碑」があり、その北には、広島県立第二中学校の歌碑と慰霊碑がある。教師と子どもの碑から平和大通り（一〇〇メートル道路）を南にわたって、東の元安川方面へ進めば、「広島市立高女原爆慰霊碑」がある。

平和公園や平和大通りには学校関係の慰霊碑が多い。ここで多くの学生・生徒が建物疎開作業中に犠牲となったためである。各学校内にもそれぞれの慰霊碑があるので、これをあわせれば学校関係の慰霊碑の数は、三五基以上になる（宅和純『ヒロシマの碑』、広島県歴史教育者協議会他編『ヒロシマの旅―碑めぐりガイドブック』など参照）。

広島県動員学徒犠牲者の会発行の『動員学徒誌』（一九六八年）によると、全国の動員学徒の死亡者数は、一万二千余人である。広島の原爆による動員学徒の死亡者は約七二〇〇人（犠牲者の会『動員学徒「慟哭《どうこく》の証言」』二〇〇七年）、そのうち、建物疎開動員学徒の死亡者は約五九〇〇人（二〇〇四年、広島平和資料館調べ）である。

原爆遺跡保存運動懇談会編『広島・爆心地中島』（新日本出版社、二〇〇六年）によれば、「広島の動員学徒の被害は全国最大」で「全国の半数以上」であるが、「長崎の動員学徒被爆死亡者数は約一三〇〇人であり、建物疎開での死亡者数の記録・資料はない」（二〇〇四年、長崎資料館の調査）。そして同書は、「なぜこのような悲劇が同じ原爆を受けた長崎にはなく、広島で起こったのか」という疑問をつきつめれば、それは「軍部の強圧によるものであること」が明らかで、同時にそのような状況の下でも、教師の抵抗や反対によって多くの生徒のいのちが守られた事実もあるという。

市女（広島市立第一高等女学校／現・市立舟入高校）の一、二年生全員五四四名と教職員八名は、材木町や木挽町（現在の平和記念資料館前一帯）の、空襲による火災の防火帯を設けるために家屋などを撤去する建物疎開作業中に被爆して、全滅した。ほかの動員先を含めて六七六名が被爆死をとげ、広島市内でもっとも多くの犠牲を出した学校である。その遭難を記録する『広島原爆戦災誌』の記述は、次のようなものだ。

《(昼過ぎ）元安川にかけられていた仮新橋は、その時すでに半分落ちていた。ちょうど腰の辺まで水があったが、歩いて渡った。ああ、なんたる悲惨、河原一面砂州よりに、無残にも何十何百の少女らがあるいは傷つき、あるいは既に事切れたのか、倒れており、あちこちで、わずかに動き、かすかにウメキ声が聞こえる。驚くことには、どれもこれも素っぱだかである。シュミーズもスカートも焼け、身体はゆでダコのように赤黒くなっている。ちょうど海水浴場で裸ん坊の子供らが横たわり、あるいは寝ころび、たわむれて居るのを想像してみる。焦熱地獄をさながら目前に見る。》

一九四八年、プレスコードによって、原爆について口にするのもはばかられるような時代に、市女の遺族会は、母校の校庭にいちはやくこの「慰霊碑」（ただし「慰霊碑」とはいわず、「平和塔」といった）を建立した。その後一九五七年には、生徒たちの終焉の地に近い平和大橋西詰めの現在地にこれを移設し、以後毎年ここで慰霊祭を開催している。亡くなった少女たちの霊をなぐさめる碑をなんとしても建立したいという遺族の痛切な願いがこめられた碑である。

慰霊碑には三人の少女像が刻まれている。碑の中央のもんぺ姿の生徒の背中には、亡くなったのを象徴するかのように翼がついている。両側のスカートをはいた少女たちは、それぞれ花輪（慰霊）とハト（平和）を手にして、昇天する少女をなぐさめている。中央の少女が抱えている手箱の表面には、アインシュタインの相対性理論の原子力エネルギーを示す「$E=MC^2$」という化学式が書かれている。制作は山口県の代表的な近代彫刻家・河内山賢祐氏で、この化学式で「原爆」を表現するアイデアは、河内山氏の相談を受けた湯川秀樹博士の発案という。

しかし原爆死をとげた少女たちを、「あなたは原子力（$E=MC^2$）の世界最初の犠牲として人類文化発展の尊い人柱となった」（一九五七年の移設時に設置された説明板の文章）とし、少女たちの死を「原子力による人類文化発展の人柱」とするならば、それは原爆を使用したアメリカを免罪したうえに、原子力の平和利用を安易に認めることになりはしないか。

時代ゆえの制約もあるだろう。一九五三年一二月には、米国のアイゼンハワー大統領が「原子力を平和のために(Atoms For Peace)」と演説をした。日本の国会では、一九五四年三月一日のビキニ水爆実験の被災が明らかになる前に、原子炉開発の予算がつき、一九五五年には原子力基本法が制定された。ビキニ被災で高揚する原水爆禁止の世論をつぶすために、「平和利用」のキャンペーンが展開され、各地で「原子力平和利用博覧会」が開かれた。

「原子力の平和利用」への期待は大きかった。十万馬力の原子力モーター・ロボット「鉄腕アトム」の連載が始まったのは一九五二年のことで、一九五五年の第一回原水禁世界大会宣言も、一九五六年の日本被団協の結成大会宣言も「平和利用」に期待を表明した。そんな時代であった。

一九五一年に出版された『原爆の子』の編者・長田新も「科学を人類のために」という立場から、「原子力の平和利用」に積極的に賛成している。『原爆の子』の「序」において、長田は「広島の街々に原子エネルギーを動力とする燈火が輝き、電車が走り、工場の機械が廻転し、そして世界最初の原子力による船が、広島港から平和な瀬戸内海へ出て行くことを。実際広島こそ平和的条件における原子力時代の誕生地でなければならない」といい、「われわれはこの悲劇を『世界の終わり』ではなく、『世界のはじまり』としなければならない」と、「原子力時代」の到来を夢見たのである。原子力の「軍事利用」にはあくまで反対だが、「平和利用」には積極的に賛成する。これが原子力に対する長田の姿勢である。

『原爆の子』に手記を書いた子どもたちも、このようにいう。「同じ原子力を利用するにしても、破壊には使わず、世界各国の人々が安心して暮らしていくことのできる良い材料として使いたいのだ」「原子力はおそろしい。悪いことに使えば、人間はほろびてしまう。でも、よいことに使えば使うほど、人類が幸福になり、平和がおとずれてくるだろう」「それは文明科学のためにのみ使用されることがわれわれの心に喜びと平和を与えることになると考える」などと。『原爆の子』の原爆と戦争への怒りは、原子力の「軍事利用」を拒否したが、かえって「平和利用」の夢を育てるものであった。

だがそれから六〇年、スリーマイル島やチェルノブイリやフクシマを体験した私たちは、原子力の「平和利用」と「軍事利用」の関係性に重大な関心を払い、「平和利用」の危険性にも配慮することを求められているのである。

横山英・広島大学教授（当時）は、「原爆モニュメントは、核時代における反戦平和のよりどころです。その前に立って、悲惨をきわめ苦しみに満ちた被爆体験を思い起こす時、人びとは未来への課題を考えないわけにはいかないでしょう」（広島県歴史教育者協議会編『原爆モニュメント物語』平和文化）という。原爆モニュメントの物語にじっと耳をすませよう。それぞれの原爆モニュメントにある固有の物語を、ていねいに調べながら、日本の戦争責任も、アメリカの原爆投下責任も、原子力の平和利用の是非も置き去りにしないで、人類の未来への課題として、私たちは考えたい。そして何よりも大切なことは、核時代の課題を自覚して、「悲惨をきわめ苦しみに満ちた被爆体験」から学びとることを求められているのは、生存か死滅かの岐路に立たされている、私たち自身だということである。

Ⅲ　ヒロシマを歩く

〈執筆〉澤野　重男

1996年に世界遺産に登録された原爆ドーム

過去の「八月六日」の記憶と未来の「核なき世界」への希望。過去と未来、その両方につながるヒロシマの思想と文化が、「生命を尊重し、暴力を終わらせ、非暴力を促進し、実践すること」(国連「平和の文化に関する宣言」)として発展するならば、それは、生存か死滅かの岐路に立つ人類にとっての光明となるのではないか。

だが、そのような思想や文化を、広島は育ててきただろうか。

「〈ヒロシマ〉というとき/〈ああ　ヒロシマ〉と/やさしくこたえてくれるだろうか/〈ヒロシマ〉といえば〈パールハーバー〉/〈ヒロシマ〉といえば〈南京虐殺〉そして〈マニラの火刑〉」と栗原貞子が歌ったように、「〈ヒロシマ〉といえば/血と炎のこだまが返って来るのだ」というのでは、世界に「ノーモア・ヒロシマ」の声は届かない。「ヒロシマの心を世界へ」の声も空しい。

そんなことを考えて、本章ではまず、爆心地である中島町をもう少し詳しく紹介して、ヒロシマの原点をさぐることにする。

次に、「日本の侵略と加害」「子ども・若者の社会参加」「核と放射線」というテーマで、ヒロシマの思想と文化をつくるためには何が必要かを考える。さらに、「八・六ヒロシマ」の記憶にかかわるいくつかの取り組みや運動を取り上げて、ヒロシマを学ぶ意義を考えたい。

1　爆心地・中島と平和公園

相生橋を頂点とし、元安川と本川を斜辺、平和大通りを底辺とする三角形。このデルタを中心につくられた平和記念公園（平和公園）の、現在の町名は中島町であるが、かつては、中島本町・材木町・木挽《こびき》町・元柳町、および天神町・中島新町の一部があった場所である。

中島本町は、幕末から明治・大正時代にかけて、広島市の繁華街の中心であった。中島本町通り商店街には大きな店がたち並び、料亭や映画館などもあって繁盛した。

材木町・木挽町は、むかし材木の集散が行われたところである。材木を積んだ船や筏《いかだ》が太田川を下ってきて、ここに荷をおろした。大正期以後は陸上交通が発達してさびれるが、元柳町・天神町・中島新町とともに中島本町に続く住宅街を形成していた。

『広島原爆戦災誌』によれば、この六町の被爆直前の建物戸数は一三〇〇戸、住民数は四三七〇名と推定しているが、被爆により町は壊滅し、地区の住民はもとより、当時この付近で建物疎開作業に従事していた多くの国民義勇隊や動員学徒が、全滅死を遂げた。

❇平和公園・平和大橋・平和大通り

戦後復興がすすむ中で、一九四九（昭和二四）年の「広島平和記念都市建設法」の制定にともない、中島地区一帯は平和記念施設として整備されることになった。広島市は、平和公園設計の懸賞募集をし、東京大学建築学教室の丹下健三助教授のグループが一等当選した。平和公園の造成と平和記念施設は、市公会堂以外は、ほぼ丹下案どおりに認められて建設されていった。平和大橋は、東西二つと

イサム・ノグチ氏の設計による平和大橋

も米国の彫刻家イサム・ノグチの設計によるものである。

元安川にかかる平和大橋と本川にかかる西平和大橋は、それぞれ「日の出（未来）」と「日の入り（過去）」を象徴するというが、イサム・ノグチの命名は[ikiru(to live)]と[shinu(to die)]で、昇る太陽のイメージは「生きる人」、和舟の舳先のイメージは船に乗って「逝く人」だという。

復興計画において、東の比治山から西の山陽本線西広島駅まで、市の中央部を東西に貫く公園道路として設計されたのが、平和大通り（通称は一〇〇メートル道路。車道と歩道、グリーンベルトと側道をそなえた広い幅員の道路）である。数多くの樹木と花々が四季折々の変化をつくり出す空間の中に、いくつもの彫刻や慰霊碑・記念碑が溶け込み、戦後広島復興のシンボルとなっている。初夏のフラワーフェスティバルや冬のイリュミネーションなどで賑わう、広島のメインストリートである。

❇平和公園の中心軸と平和の灯

平和公園の中心軸は、平和大道りに面する「祈りの泉」（26ページ地図㊵）から、原爆資料館㊶のピロティ中央を経て芝生広場を通り、「原爆慰霊碑」（㊽）と「平和の灯」（㊿）と「原爆ドーム」

(⑥)を結ぶ線である。

慰霊碑と原爆ドームを結ぶ線上に位置する長方形の池。その北端には、手首をあわせ、手のひらを大空に広げた形の大きな台座の上に、平和の灯がのる。水を求めてやまなかった犠牲者をなぐさめ、核兵器廃絶と恒久平和を希求するこの造形物は、財界と一般からの建設資金をもとに、「平和の灯建設委員会」が建設した。一九六四年八月一日、全国一二宗派から寄せられた「宗教の火」と全国の工業地帯から届けられた「産業の火」がひとつになって点火されて以来、火はずっと燃え続けている。火の消えるのは「核兵器が地球上から姿を消す日」である。その日が待ち遠しい。

丹下健三氏の設計した広島平和記念資料館

❇資料館・記念館・祈念館

現在の平和公園には、原爆慰霊碑や供養塔など、多くの原爆モニュメントがあり、広島平和記念資料館（原爆資料館）の本館・東館、広島国際会議場、国立原爆死没者追悼平和祈念館などがある。

原爆資料館は一九五五（昭和三〇）年八月、原爆による被害の実相を世界中の人びとに伝え、核兵器廃絶と世界恒久平和の実現に寄与するために建設された。

当初、現在の東館が平和記念館（「本館」と呼ばれ、集会室や展示場、図書室、研究室などがあった）、現在の本館が広島平和記念資料館（「原爆資料館」と呼ばれ、平和大通りから原爆慰霊碑、原爆ドームをのぞむ視線をさえぎらないように設計された。一階が吹き抜けになった高床式のユニークな建物は、二〇〇六年に戦後建築として初めて国の重要文化財に指定された）として開館したが、展示・収蔵機能や平和学習の充実をはかるために、一九九四年に平和記念館を建て替え、二館を一体化して、新たな「平和記念資料館」がスタートした。

年間入館者数は約一三三万人（二〇一〇年度）で、そのうち外国人の数は約一八万人、小・中・高校生の修学旅行等団体の入館者数は約三一万人、一九五五年の開館から二〇一〇年度末までの入館者総数は六〇六四万五二二九人である。

西平和大橋のたもと、本川ぞいに、本館や原爆資料館にさきがけてつくられたのが広島市公会堂である。その建設費用は広島の経済人が負担して広島市に寄付したもので、戦後広島の「文化の殿堂」としての役割を担い、「原水爆禁止世界大会」などの大きな行事の会場となった。しかし「平和資料館を中心にして東西方向の両翼に記念館と集会所を建て、それらを空中回廊で結んだ三棟一体のもの」という丹下案の構想とはほど遠いという批判も早くからあり、市制施行百周年を迎えた一九八九年、丹下案に近い状態に建て替えられて、現在の国際会議場としてリニューアルオープンした。地上三階地下二階。一五〇四名収容の大ホールをはじめ、大・中・小の会議室を備えており、コンサートや講演会、国内・国際会議などに利用されている。

国立広島原爆死没者追悼平和祈念館は、国が原爆死没者に対する追悼の意をあらわし、永遠の平和を祈念するために、二〇〇二年に建設された。丹下案を尊重して祈念館は地下の構造物である。地上にあらわれた祈念館の上部には「八時一五分」のモニュメントが置かれ、その周囲に、犠牲者に捧げる水と建設工事中に出土した被爆瓦を配している。地下二階には平和祈念・死没者追悼空間が設置されている。

国立広島原爆死没者追悼平和祈念館

また、原爆の惨禍に関する世界中の人びとの理解を深め、被爆体験を後世に継承することを課題として、被爆体験記や原爆死没者の氏名・遺影の収集をし、公開している。

平和公園の下には、市内有数の繁華街であった中島地区の町並みの記憶が眠っている。そして、消えた町と町民の慰霊のために築かれたモニュメントが、その記憶につながる。自然石に旧町名だけが刻まれた「材木町跡」の小さな碑は、芝生広場に面して、ひっそりとたたずんでいる。花崗岩でできた碑の前面に碑文、上部に犠牲者の名前が記された「天神町北組町民慰霊碑」は公園の中にあり、銅板に天女像のレリーフが刻まれた「天神町南組町民慰霊碑」は平和大通りの南側

中島本町平和観音像

にある。平和公園の北側一帯には、中島本町の「平和観音像」と「中島本町復元地図」のモニュメントがあり、すぐ近くには「慈仙寺の墓跡」（26ページ地図上⑲）がある。市内各所に散在していた引き取り手のない遺骨を集めた「原爆供養塔」（⑮）は、この地に築かれた。当初は公園の外にあった「韓国人犠牲者追悼碑」（⑱）も、ここへ移設されている。

　二〇〇八年には、平和公園内に、中島地区被爆四町（中島本町・元柳町・材木町・天神町）の説明板が設置された。では、中島本町と慈仙寺周辺を歩いてみよう。

※平和観音像

約二・五メートルの台座の上に立つ「平和観音像」のかたわらには、次のような説明文がある。

《この地は明治、大正、昭和の初期、広島で最も繁華の中心であった。昭和二〇年八月六日原爆一閃町民全員一瞬にして悲惨なる最期をとげたり。生き残れる者有志相集まって平和観音像を建立し永遠にその霊を慰む。》

建立の事情について書いた、宮本善樹『平和公園―広島の神話から』（広島文化出版、一九七三年）

の次の一文を読めば、この観音像が中島本町の町民慰霊碑であることがわかる。

《ここら一帯は旧中島本町中心の地域で、爆心地であったために、町民の多くは一家全滅し、生き残ったのは当日家をあけていたわずかの人たちだけだった。この人たちは帰ってゆくところがなかった。また、長年住みなれた町は、戦災復興都市計画で平和公園予定地に決まり、換地による転住を余儀なくされてしまった。当時の町内会々長香浦巧氏ら元中島本町の生存者たちが相談し、この土地に観音像を建立して被爆者を慰霊し、また消えゆく中島本町跡を後世に残そうと、町有財産と生存者の寄付で像を建て昭和三一年八月六日に市に寄付した平和観音像は、中島本町の町民慰霊碑である。》

❇中島本町復元地図

さらに宮本が指摘するところによれば、一九五六年の観音像建立の時点においては、中島本町の被爆者数、あるいは死者の数は明確でなかった。このために、平和観音像建立以来、慰霊行事を継続する旧中島本町の住民たちが動く。一九六八年以来、広島大学原爆放射能医学研究所（原医研）とNHK広島中央放送局とが共同して試みる「爆心地復元作業」に協力し、「被爆復元地図」と「原爆死没者芳名板」を作成するのである。この間の事情は、志水清編『原爆爆心地』（日本放送出版協会　一九六九年）に詳しい。「現代文明の悪が破壊したものは、現代文明の理性をもって告発し、市民のエネルギーによって再構築してゆく」（同書）。これが爆心地復元の理念と構想である。

慈仙寺の墓跡

生き残った市民が学者やジャーナリストと協力し、再現した「中島本町被爆復元地図」と「原爆死没者芳名板」は、現在、平和観音像の足下に置かれている。地図の中の空白部分は、結局だれも思い出せなかった部分で、調査活動がいかに困難であったかを想像させる。

その後、失われた故郷を再現する地図復元運動は、隣接する材木町、天神町、元柳町でもすすめられ、それらをまとめた大きな銅板地図は、原爆資料館の廊下に展示されている。

❇慈仙寺の墓跡

平和公園の北西の一角に、一段と低くなった窪地がある。これが慈仙寺の跡地で、上部が吹き飛ばされた台座と左右に吹き飛ばされた五輪が、爆風のすさまじさを物語っている。墓石は、広島藩浅野家御年寄の岡本宮内《くない》のもので、「元禄二年」の年号が刻まれている。平和公園内で、被爆当時の地面をそのままとどめているのは、この墓地だけである。公園が盛り土をして建設されたため、当時の地面が、このような窪地となった。

この慈仙寺を中心とした地域の最北端、元安川と本川に挟まれて、中州が細長く相生橋に向かって伸びる一帯は、「慈仙寺の鼻」と呼ばれていたところで、料亭や旅館が多い繁華街であった。慈仙寺は、爆心地からわずか二〇〇メートルの距離にある、かなり広い寺であった。

原爆は、慈仙寺を一瞬にして破壊し、全焼させた。住職は、墓地の付近を清掃中に即死、本堂を清掃中の二人も即死した。寺内で被爆した妻も重傷で、翌日死亡、結局、寺にいた全員が死亡している。翌年から寺の復旧作業が始まるが、被爆前に一五〇軒あった檀家のうち七〇軒が全滅して無縁墓となったので、復旧作業は困難を極めた。その後二度移転して、現在の慈仙寺は、西南に約四・五キロの中区江波二本松にある。

原爆供養塔

❖原爆供養塔

慈仙寺の墓跡から北側の広場ごしに見えるのが原爆供養塔である。古墳のようなかたちをした土盛りの地下室には、いまなお、身よりも引きとり手もない遺骨、氏名の判明しない遺骨、約七万体が安置されている。

爆心地に近く、散乱していた遺体、川から引き上げられた遺体、無数の遺体がこの場所に集められて、荼毘《だび》にふされたという。戦後もしばらくは無数の人骨が散乱したまま放置されているのに心を痛めた人びとが、被爆翌年の一九四六年に宗派を超えた「広島戦災供養会」を結成し、市民からの寄付によって、仮供養塔、仮納骨堂、礼拝堂が建設された。これが原爆供養塔のはじまりである。

しかし、遺骨は爆心地だけでなく、市内のいたるところに散乱していたため、一九五五年に広島市に要求して、老朽化した納骨堂を改築させ、円形の土盛りの頂点に石造りの相輪の塔を据えて、ここに引き取り手のない遺骨も可能な限り集めて、現在の供養塔とした。

一九四六年以後、毎年八月六日に供養塔の前で、さまざまな宗教・宗派合同の供養慰霊祭が行われる。広島市はこの供養塔に納められている遺骨約七万柱のうち、氏名が判明しながら引き取り手のない遺骨の名簿を公開し、遺族をさがしている。一九五五年に二四三四柱あったそのような遺骨は、一九八三年に一一四二柱、一九九五年に八七七柱となったが、二〇一〇年八月現在、まだ八二四柱が残っている。無差別大量虐殺のまぎれもない証拠。「過ちを繰り返しません」と決意する場所だ。

2　日本の侵略と加害を記憶するもの

原爆の被害者は日本人だけではない。

アメリカ生まれの日系アメリカ人、ドイツ・ロシア・東南アジア・中国・モンゴルなど、多くの外国人の市民・聖職者・留学生が、原爆投下の際に広島にいて被爆した。アメリカ軍の捕虜も十数人いた。強制連行の中国人労働者も被爆した。なかでも、多数の死亡者を出した朝鮮人被爆者は、日本の侵略、植民地支配の犠牲者であると同時に、原爆の犠牲者であるという意味で、二重の犠牲者である。

❇韓国人原爆犠牲者慰霊碑

明治以来、アジア諸国への侵略をくわだてた日本は、日清戦争と日露戦争を経て、一九一〇年、ついに朝鮮を強制併合し、完全な植民地とした。朝鮮総督府による支配により、土地と田畑を奪われ、生活基盤を失った多くの農民は、小作人や労働者になったり、生活の道を求めて、日本や中国・満州へと移住せざるを得なかった。アジア・太平洋戦争が激しくなると、多くの朝鮮人が、強制連行や強制徴用により、日本の鉱山や工場で働かされた。

韓国人犠牲者慰霊碑

戦争末期、日本には約二〇〇万人の朝鮮人がいたと考えられる。韓国原爆被害者協会調べでは、広島で五万人が被爆し、死亡者は三万人というが、『広島・長崎の原爆災害』（岩波書店）によると、被爆者は四万から五万人、被爆直後の死者は五千から八千人と推定している。詳細はなお不明である。

現在では、多くの在日韓国・朝鮮人被爆者が、日本人と同様に日本に来れば「被爆手帳」の交付を受け、被爆医療を受けている。だが、在外被爆者については、「被爆手帳」の交付や原爆病院での診療を受けることができるが、「海外居住者には適用しない」という旧厚生省の通達（一九七四年）により、長い間、手帳を持つ在外被爆者

（約四三〇〇人、そのうち在韓被爆者は約二九〇〇名、二〇〇七年現在、厚生労働省調べ）は援護を受けられなかった。

二〇〇七年二月、最高裁がようやく、旧厚生省通達を「違法」と認定したのを受けて、在外被爆者が来日しなくても手帳を取得できるようになったが、外国人被爆者への抜本的な援護と補償については未解決のままである。国交のない北朝鮮の被爆者（二〇〇一年の日本政府代表団の実態調査によれば九二八人）への援護も急務である。

一九七〇年四月、韓国居留民団広島県本部によって、「韓国人原爆犠牲者慰霊碑」が平和公園外の本川橋西詰め（朝鮮王族の李愚公の遭難場所）に建てられたが、その後、「公園外にあるのは『差別』ではないか。公園内に移してほしい」という要望が多く出され、広島市と関係者の協議によって、一九九九年、ようやく公園内の現在地（慈仙寺跡の窪地の先）に移設された。「なぜ多くの韓国・朝鮮人が広島で被爆しなければならなかったのか」を、この碑の前で考えてほしい。

❇高暮ダム朝鮮人犠牲者追悼碑と碑建設運動

朝鮮人強制連行真相調査団編著『朝鮮人強制連行調査の記録』（柏書房）の巻末一覧表によれば、広島県内の強制連行の状況として、朝鮮人の強制連行が確認できるもの、強制連行についてはまだ明らかではないが、朝鮮人の動員や就労が確認できるものの動員先の合計数は、「軍需工場」一八（三一）、「鉱山」二（二）、「土木・発電工事」九（一〇）、「軍施設建設」九（一一）、「地下工場建設」

九（二九）、「軍地下施設建設」七（四一）、「運輸・港湾」五（六）、「軍人軍属」六（六）の多数に及ぶ（カッコ内は、未確認・未調査を含む対象動員先のリストアップ数）。戦時中、いかに多くの朝鮮人労働者が強制連行・強制労働を課せられ、動員・就労させられていたかがわかる。

このうち「土木・発電工事」の項目にある「日発神之瀬発電工事（高暮ダム）」について、高校生とともに調査活動と追悼碑建設運動に参加したことがあるので、ふれておきしたい。

高暮ダム朝鮮人犠牲者追悼碑

高暮ダムは、広島県北部の三次《みよし》市からさらに北へ、神野瀬川を島根県との県境近くまでさかのぼったところ（現在の庄原市高野町）にあり、敗戦の一九四五年をはさむ、四〇年から四九年までの足かけ一〇年に及ぶ大工事が行われた。

当時は、神野瀬川の谷あいのいたるところに日本人や朝鮮人の飯場が並び、労働者の数は、地元の人口の数倍、五千から六千人に達した。戦争中、広島県の高暮ダム建設工事のために強制連行された朝鮮人労働者の総数は約二千人。彼らは「集団」と呼ばれ、牛馬のように酷使された。雪深い県北の地で、寒さと飢えに苦しみ、殺された者もあり、「このダムの基礎工事だけでも二〇から三〇人は死んでいる。ダムの堰堤工事では五〇人は死んだ。『立ったまま生き埋めになっている』と言う人もいる」（県北の現代史を調べる会編『戦時下広島県高暮ダムにおける朝鮮人強制労働の記録』）。だが、詳細はわからない。

逃亡する者も多く、失敗して捕まるとひどいリンチをうけたこと。日本人の中でも朝鮮人労働者に同情を寄せる人たちがいたこと。戦後、君田村の青年たちが、生活に困る朝鮮の人たちのために生活保護を適用させたこと。一九五九年の日朝赤十字の帰国協定による第一回帰国の際には、歓送会が君田中学校の講堂で開かれ、送る者も送られる者も、みんな泣いて別れたことなどが、調査活動で明らかになっている。

戦後五〇年を前に、広島で人権・平和学習をすすめてきた高校生たちは、地元の郷土史家や教員、在日朝鮮人のグループなどと協力しながら、朝鮮人犠牲者の追悼碑建設運動に取り組むことになった。建設運動は、現地の高野町の町長や君田村の村長をはじめ、地域住民の協力も得て前進した。

日本人はこれまでどれくらい「強制連行・強制労働」という「重大な人権侵害」に向き合ってきただろうか。日本の侵略戦争と植民地支配の歴史が明らかにされ、戦後保障を含む反省・謝罪が明確にされぬかぎり、真の国際理解と国際連帯は成立しない。被爆国としての日本の反核アピールも、世界に届かない。

そう考えるとき、朝鮮人強制連行・強制労働の歴史を学び、調べ、さらに「被害者を追悼し、敬意を表明すること」を自らの課題として、「高暮ダム朝鮮人犠牲者追悼碑」建設運動に参加していった高校生たちの果たした役割は大きい。

一九九五年七月、高暮ダムの現地で、地元住民や日本の中高校生や広島朝鮮中高級学校の生徒たち約二〇〇人が参加して、「高暮ダム犠牲者追悼碑」の除幕式が行われた。

3　子ども・若者たちの社会参加

子どもや若者たちが、人権や平和について学び、調べ、社会参加する取り組みは、広島のモニュメント建設運動の中にもある。

平和公園とその周辺には、五〇余の原爆モニュメントがあるが、そのうち子どもたちが中心になってつくりあげた記念碑は、「原爆の子の像」と「原爆犠牲ヒロシマの碑」と「世界の子どもの平和像」である。「原爆の子の像」については、Ⅱ章「爆心地を歩く」でとりあげたので、ここではあとのふたつの碑にふれておきたい。

❇原爆犠牲ヒロシマの碑

原爆ドームが影を落とす元安川は、「あの日」無数の死体や瓦礫で埋まった爆心地の川である。ドームの南には「原爆犠牲ヒロシマの碑」（26ページ地図上㉛）がある。

一九七〇年代以後、広島の高校生たちの自主的な平和学習活動のサークル「平和ゼミナール」は、爆心地の川・元安川の河床でフィールドワークを行い、原爆の熱線で焼かれた「原爆瓦」のうえに、被爆死をとげた人たちの叫びと、反戦反核の願いを重ねあわせ、学習をすすめていた。

一九八一年二月、広島市が元安川の美化工事に乗り出した時、平和ゼミの高校生は、「平和都市の

原爆犠牲ヒロシマの碑

町づくりはこれでいいのか」と広島市を批判し（これを地元のマスコミは「元安川美観論争」と名付けた）、「原爆瓦などの被爆遺物などの保存が十分な配慮をもって行われるように」という要求をかかげ、広島市と交渉をもちながら、爆心地の川での発掘調査活動を呼びかけた。高校生の呼びかけに応えて、小学生や中学生、一般市民も参加してきた。発掘調査の参加者は、五月三一日に一〇〇人、七月四日には一五〇人を記録し、「ヒロシマ大衆発掘」ともいうべき運動に発展した。

「瓦を救え」の叫びをあげる中で、ヒロシマの心を自覚した高校生たちは、「原爆瓦で平和の記念碑をつくろう」という新たな運動を開始する。やがて広島平和教育研究所が中心になり、原水禁や原水協、校長会・ＰＴＡ・教師たちの協力を得て、広島県下五六団体からなる「ヒロシマの碑」建設委員会も発足した。反響は大きく、全国各地の小・中・高校の児童・生徒たちや一般市民から寄せられた募金額は三五〇〇万円を越えた。一九八二年八月五日、原爆ドームの南五〇〇メートル、元安川の河畔に「原爆犠牲ヒロシマの碑」は建立・除幕した。

この碑は、戦争も原爆も知らない子どもたちが、自分たち自身の力でつくりあげた史上最初の原爆モニュメントである。御影石の台座の上には、芥川永《あくたがわひさし》氏が制作したブロンズ像（原型は「もどれない風（太田川2）」）がのる。「もはや人間とは判別し難い奇妙なオブジェのようだ。かすかに腕や頭らしきもの、脚の痕跡にも見える剥き出した心棒。破壊のイメージの見事な造形である」（高木茂登「遠くの声―芥川永の彫刻」）という評もある。

台座の正面には、原爆瓦がはめ込まれている。あの日、あの時、原爆の炸裂により、爆心地一帯の温度は摂氏三千度から七千度に及んだ。鉄の溶ける温度は摂氏一五〇〇度で、太陽の表面温度は五七〇〇度だから、「太陽が落ちてきた」と言っても過言ではない。熱線に焼かれ、泡立ち、火ぶくれた原爆瓦のそばに、

「天がまっかに燃えたとき／私のからだはとかされた／ヒロシマの叫びを／ともに／世界の人よ」

という碑文が刻まれている。原案は、建設運動に参加した平和ゼミの高校生・蔵田順子さんが書いた。裏面には、被爆当時と原爆瓦の発掘状況を記録した陶板焼きの写真があり、日本語と英語の説明板がはめ込まれている。

核廃絶の願いを世界に広げようとした高校生たちは、「ヒロシマの碑」を「鎮魂・継承・学習」の碑だと言う。毎年八月五日に、「ヒロシマの碑」維持委員会主催の碑前祭も行われる。なお原爆瓦のモニュメントは、このほかに、広島ＹＭＣＡや翠町中学校にもある。平和公園内の「追悼記念館」の屋上にある「八時一五分」のモニュメントにも、原爆瓦が使われている。

❇「原爆の子の像」と「子ども平和像」

「原爆の子の像」と「原爆犠牲ヒロシマの碑」のことを知ったら、原爆ドームから電車通りを北側にわたって、旧広島市民球場の正面ゲート前「世界の子どもの平和像」（26ページ地図上①）まで、ぜひ足を運んでほしい。なお、「世界の子どもの平和像」のことを、広島の高校生たちは、世界の「せ」、子どもの「こ」、平和像の「へい」をつなげて、「せこへい」と愛称している（その動かぬ証拠は、高校生たちが像に刻んだ「せこへい」の文字である）。実は、この像のルーツは、平和公園内の「原爆の子の像」にある。一九八九年、「原爆の子の像」とサダコの話を聞いて感動したアメリカの子どもたちは、「子どもたちの平和の像計画」に着手した。原子爆弾が開発されたニューメキシコ州のロスアラモスに「原爆の子の像」の姉妹像を建設することによって、「子どもたちは平和な世界を望んでいる」というメッセージを世界に伝えようという取り組みである。

この計画は、一九八九年の秋、アルバカーキ市のアロヨデルオソ小学校で始まり、一九九〇年の春には、子どもたちによる出資、子どもたちによる設計によって、「平和像」を建てる計画がまとまった。小学生から高校生までの子どもたちが参加する運動だ。大人たちも一ドル基金などで支援した。子どもたちは、機関誌「ザ・クレイン」を発行し、「平和像」のデザインコンテストをはじめる。全米の子どもたちから何千という作品を集めた。芸術家たちの助けを借りて、「平和像」のデザインを決定した。直径三メートル半の球状の鉄わくに、子どもたちが作った蝋細工の動植物三千個をあしらって、さまざまな生きものたちが住む地球のかたちをあらわした。

　一九九五年八月六日、足かけ六年の運動の結果、「子どもの平和像」は完成する。除幕式の日、沢山の折り鶴で飾られた平和像の前で、建設運動を支えたすべての子どもたちの名前が読みあげられた。

　残念ながら、ロスアラモスに平和像を建てることには失敗した。「原爆投下の責任を問うような像の建設は認められない」という一部の市民の反対があり、当初受け入れを表明していたロスアラモス郡議会も、最終的には受け入れを撤回した。結局、アルバカーキ美術館の前庭に建設地を移して建立・除幕し、三年後には、州都サンタフェ市に移されている。

　一九九四年に、「ザ・クレイン」編集長の高校生ケイトリン・アサコ・チェスナットさん（当時一七歳）が、広島で開かれた「全国高校生平和集会」に参加して、「子どもたちの平和の像計画」について報告しているが、一九九六年には、運動参加者のトラビス・ブロンスコムくん（当時一三歳）が、子ども平和像を建てた成果を踏まえて、「ぼくの夢は、世界中に『子どもの平和像』を建てることです」と発言した。

　この発言が、「ヒロシマの碑」を建てた経験のある日本の高校生たちの胸にひびいた。かれらは、学習会やマスコミ宣伝、作品のコンペティションや街頭募金、行

世界の子どもの平和像（アメリカ合衆国ニューメキシコ州サンタフェ）

政との交渉など、ありとあらゆる方法を駆使して、建設運動をすすめた。全国のサポーターの会も発足した。

❇「せこへい」をつくった子どもたち

一九九八年に発足した広島の「つくる会」には、小学生や中学生も参加してきた。建設運動の機関誌「せこへい」の制作を、広島市立大学芸術学部の学生や院生たちが応援してくれた。マスコミや市民、教師、芸術家たちも協力を惜しまなかった。

全国各地から、子どもたちの平和の夢に期待する、サポーターの声も聞こえてきた。たとえば、女優の吉永小百合さんは「もうすぐ二一世紀です。平和を願う皆さんの夢と希望をのせて『せこへい』は生まれます」というメッセージを寄せてくれた。

建設予定地が決まると、秋葉忠利広島市長は「用地提供は市民全部が応援している証拠」と、子どもたちを喜ばせた。呉市在住の被爆者の沖山正美さんが一〇〇万円の募金を申し出てくれたこともあり、建設募金の総額は最終的に八八〇万円に達した。こうして子どもたちは、大人たちとともに、「戦争と暴力の二〇世紀」から「平和と非暴力の二一世紀」への展望をひらいてきたのである。

二〇〇一年五月五日、東京。同年八月六日、広島。二〇〇三年五月五日、京都。日本各地で、世界の子どもの平和像は建立・除幕された。

原爆ドームをのぞむ緑地帯に完成した広島の「せこへい」の原案を作成したのは、高校一年生の正木あやかさんで、像の制作者は奥田英樹氏（比治山大学短期大学部教授・彫刻家）だ。大人の男女が手をハート形にくんで、飛び込んでくる子どもを待ちかまえている像のかたちは、二〇世紀がなくした「愛」と「平和」の回復をアピールする。

碑文は、

「核兵器のない世界のために／この像はヒロシマの子どもたちの／愛と平和のメッセージです」

というものである。子どもたち自身が、意見表明や社会参加をすすめ、その結果をモニュメント建設に結実させたのである。「せこへい」の「子ども」像の目線をたどれば、「大人」像の手がつくるハート形の中に、原爆ドームが見える。

世界の子どもの平和像（広島）

ちなみに、東京と京都の「世界の子どもの平和像」はどんなものかについても、ふれておこう。

「東京大空襲・戦災資料センター」（江東区）前にある東京の「せこへい」像は、リボンがかかったひびの入った卵の前で、大輪に咲いたひまわりの花に水をやる少女の像である。「ひびの入った卵」は、核戦争や環境破壊で危機的状況にある地球をあらわし、「リボン」と「ひまわりに水をや

世界の子どもの平和像（右は東京・左は京都）

る少女」は、その地球を癒し、再生する行為をあらわしている。

「京都教育文化センター」（左京区）前にある京都の「せこへい」像は、折り鶴と折り亀をあしらった地球の上で、子どもたちが戯れているデザインを採用した。日本の折り鶴と韓国の折り亀には、日韓の高校生の友情と連帯、相互の理解と信頼を大切にして、戦争のない平和な世界を実現しようという気持ちが表現されている。

各地の「せこへい」は、サダコの物語を共通のルーツとするが、それぞれの子どもたちの運動を反映して、みんな個性的である。「私たちの力を平和のために集めよう」と行動をおこした子どもたちの心がこもる碑を訪ねて、東京、京都、広島、そしてアメリカへと、「せこへい」巡りの旅を計画してみたらどうだろうか。

4　核と放射線――さくら隊の人々

平和大通りの北側を、比治山に向かって西に進むと、中区中町の緑地帯に「移動劇団さくら隊原爆殉難碑」がある。「移動劇団」とは、第二次世界大戦中、戦時体制下の文化政策推進のために結成された演劇隊で、「さくら隊」はそのひとつであった。

あの日、広島市堀川町九九番地の宿舎にいた九名の「さくら隊」の劇団員が被爆した。現地で五人分の遺骨が拾われているので、島木つや子、笠絅子、森下彰子、羽原京子、小室喜代の五人は、おそらくここで即死したものと思われる。即死を免れた隊長の丸山定夫は宮島まで逃れて存光寺で死亡。園井恵子と高山象三は神戸まで逃げたのち死亡。仲みどりは東京にたどりついたのち、原爆症を発症し、東大病院で治療を受けたが、死亡。結局全員死亡であった。ここでは、脱出した人々のその後についてふれておく。

❈丸山定夫の場合

宿舎で被爆した丸山は、小屋浦の臨時収容所を経て、一二日に友人の手で宮島の存光寺へ運ばれた。江津萩枝『櫻隊全滅―ある劇団の原爆殉難記』に、丸山の最後を看取った人たちの証言がある。

《丸山さんが存光寺へ来た時はまだ元気だったので皆よろこんだ。しかしそれから間もなく食物が喉を通らなくなった。容態は日々に変っていった。……叩き起こされて隣室の丸山さんの寝床に行った。既に亡くなっていた丸山さんは、両手で虚空をつかみ、かきむしっている形で手も指も硬直していたので、寺の住職にお経をあげてもらいながら皆でその手をさすっておろし、指をもみほぐしなぞしたが、胸の上に手を組ませるのは簡単ではなかった。とても肉親には見せられ

ない苦しみの形相だった。あれが原爆死というものか……あの時のことは生涯忘れられない》

丸山は、急性放射線障害から来る高熱に苦しんだ。髪の毛は抜ける。つぶつぶの斑点が全身に出てくる。しゃっくりが止まらない。そして、八月一五日の深夜か一六日の午前零時ごろ、死亡した。享年四四歳。

厳島は神の島だから、火葬場もないし、墓もない。遺体を対岸の宮島口の火葬場へ運ぶのである。連絡船は棺を乗せないので、専用の船着き場から伝馬船を雇って運んだ。一七日に宮島口の山腹にある火葬場に運ばれて、茶毘《だび》に付された。

❇園井恵子・高山象三の場合

宝塚スター園井恵子は宝塚劇団退団後、新劇女優として活躍したが、映画「無法松の一生」で吉岡夫人を演じて、さらに有名になった。園井が阪東妻三郎と共演した稲垣浩監督の「無法松の一生」は、高い評価を得て、戦後も繰り返し上映されている。園井の故郷・松尾村は「村政施行百年記念事業」として『園井恵子・資料集―原爆が奪った未完の大女優』を編集・発行した。園井恵子は、没後六〇年以上を過ぎてもなお、多くの人びとの心の中に生き続けている。

さて、彼女と高山のふたりは、怪我もせずに六甲山麓の知人宅（中井家）にたどりついた。そして、被爆時の様子を、宝塚の後輩の内海明子さんに、次のように語っている。

《その日は、私の誕生日。広島は、朝から雲ひとつない明るい日だったの。七月下旬に、中井家から持ち帰った物資で、丸山さんたちにご馳走しようと、お盆にのせ、鼻歌を歌いながら廊下を歩いていたら、ピカッ！　と異様な光が走ったと思った途端、轟音とともに壁の下敷きになっていたの。気がついてはい出してみると、一転して空は夕方のような暗さで、あちこちから煙が立ちこめ、嘘のような町の無残な姿でした。力尽きて倒れていく人、皮膚がボロをまとったように垂れ下がっている人。道路に散らばる割れたガラスを避けながら、無我夢中で拾った地下足袋と短靴をはき、赤鬼のような体で泣き叫びながら逃げていく人にまじり、象三さんと助けあいながら比治山へ逃げたの。のどが渇くので、水をガブガブ飲んだのよ。そこで一夜を明かし、ハンカチ一枚、紙一枚ない着のみ着のままの二人は、知り合いの農家で旅費を借り、臨時に出た満員の汽車に飛び乗り、ようやくここ（中井家）にたどりついたのよ。（岩手県松尾村編『園井恵子・資料集―原爆が奪った未完の大女優』）》

内海明子さんの証言は続く。

《八月一五日、終戦の日、私が訪ねると、「これで思いっきりお芝居ができるわ」と目を輝かせておられました。幸い、中井家は焼けなくて、ご近所の焼け出された方が中井家に避難され、広い家も人が右往左往しておられました。その後、ハカマちゃん（園井の愛称）の体に少しずつ異変がおこりはじめました。日に日に弱られ、血便血尿、そして発熱です。しんどいからと、自分で皮下注射を打ったそのあと、そこが二倍に腫れて、紫色の斑点ができました。》

元気そうに見えた高山と園井であったが、やがて原爆症を発症し、髪が抜け、体に出た紫斑がくず

さくら隊の碑

れた。高熱に苦しみ、「熱い、熱い」と悶絶して、八月二〇日、高山象三死亡。二一歳の若さであった。続いて八月二一日、園井恵子死亡。享年三二歳であった。

※仲みどりの場合

仲みどりは、朝食後、台所で食器類を洗っていて被爆。倒壊家屋の下敷きになったが脱出、火勢を逃れて京橋川の水に入っているところを助けられ、宇品の臨時収容所で被爆第一夜をすごした。天井の窓ガラスの破片を全身に浴びたため、擦過傷が背と左肩にひどくあったが、火傷はなかった。

収容所では何らの処置もうけず。被爆後二日目の八月八日、脱出を決意。裸身に破れシーツをまとって上り復旧列車第一号に乗車。九死に一生を得た思いで、東京の荻窪の母の家へ帰る。以後、食欲不振やめまいや脱力感が続くため、丸山定夫が亡くなったちょうど同じ日に、東大付属病院に来院。以後、脱毛、高熱、顔・頸・胸などに潰瘍ができた。八月二四日死亡。死因名は「原子爆弾症」。享年三六歳。

※さくら隊の碑

原爆投下から六年後の一九五一年、中国新聞社の芸能記者たちの手で、「丸山定夫、園井恵子追慕の碑」の木碑が建てられた。一九五五年八月には、第一回原水禁世界大会に参加した新劇人が、亡くなった九人の隊員を慰霊する碑の建設を呼びかけ、一九五九年八月、新制作座、文学座、俳優座、ぶどうの会、民芸、中央芸術劇場の六劇団と「演劇人戦争犠牲者記念会」の協力によって、殉難地に近い現在地に「さくら隊」の碑は建立された。

桜隊は漢字の「桜」をあてるのが正確だが、「さくら隊」と仮名文字で彫られている。それは桜隊という隊名が、連合軍占領下の警察署に軍隊か右翼のものと誤解され、干渉を受けた経験から、そのような誤解をさけるためであった。いずれにしろ、さくら隊隊員の原爆死は、戦時体制下の国策遂行がからんだ悲劇であり、原爆殉難碑は戦争の時代の犠牲者を追悼し、平和の時代の大切さを教えるものとして、今も立っている。

生きのびたと思っても、原爆は丸山も園井も高山も仲もつかんではなさなかった。チェルノブイリやフクシマが、核と放射線の問題をますます切実な人類史的課題にしている中で、さくら隊の犠牲から学ぶことは多い。

「わたしたちは、記憶し続け、抵抗し続けなければいけない。そして、核の存在から逃れることはできないこの地球上で、生き延びなければならない」（『井上ひさしの言葉を継ぐために』岩波ブックレット）という言葉とともに、さくら隊の人びとを忘れないでおこう。

なお、東京都目黒区の五百羅漢寺の境内にも「移動劇団さくら隊原爆殉難碑」（一九五二年建立）がある。

左／三滝寺境内には多くの碑がある。
右／中央公園にある大田洋子文学碑

5　ヒロシマを学ぶことの意義

原爆詩人の峠三吉や原民喜の詩碑が平和公園内にあるのに対して、大田洋子の文学碑は平和公園より北側の中央公園にある。碑に刻まれた、「少女たちは／天に焼かれる／天に焼かれる／と歌のように／叫びながら／歩いていった」という『屍の街』の一節が、原爆の記憶につながる。

大田洋子の「文学碑」の西側の川岸は、こうの史代の漫画『夕凪の街　桜の国』（双葉社）の映画化の際のロケ地だ（映画のパンフレットには「大田川沿いの原爆ドームに程近い緑地公園」とある）。広島城の石垣を見れば、新藤兼人監督の『原爆の子』に出てくる「岩さん（滝沢修）」の掘っ立て小屋が石垣のそばにあったのを思い出す。映画『ひろしま』で先生役の月丘夢路が生徒たちと一緒に消えていったのは京橋川の流れだ。アラン・レネ監督の『二四時間の情事』に出てきた市の公会堂はもうないが、原爆ドームは今もある。

広島市の北西にある三滝寺には、広島俳句協会が被爆三三回忌に三三句を選び、祈りを込めて建立した「原爆慰霊句碑」がある。先頭句「地を掴む／羽化の蝉あり／爆心地」。被爆歌人有志が原爆体験の短歌三三首を選んで建立した「原爆供養合同歌碑」もある。先頭歌「戦死せし吾子の命日墓参して／そのまま母も永久に帰らず」。峠三吉を主人公にした戯曲「河」を作った土屋清の詩碑には、「ぼくたちはヒロシマの鳥／いっせいに羽をひろげて／黒い灰となっても／なお語り続けたい／平和を命の尊さを」と刻んである。多くのモニュメントが谷間を埋める三滝寺境内には、そのほかにも原爆や戦争の悲惨さを告発するものが多い。

こんなふうに、広島の街のあちこちに原爆の記憶や原爆に関係する場所やモノがあるのだが、『ヒロシマの旅』（平和文化　一九八三年）に松元寛氏が書いているように、「それが意味を持つのは、それを手掛りに、一九四五年八月六日、広島に起こった悲劇を想像し、その悲劇を二度と繰り返すまいと私たちが決意するから」だ。大事なことは「私たちの想像力と思考力の働き」なのだ。次に紹介する取り組みや運動を通して、ヒロシマを学ぶことの意義を考えてみよう。

❇被爆遺物の保存と継承の取り組み

あの日、広島市内の建物は九〇パーセント以上が破壊され、もしくは消失した。残された多くの被爆建物も、復興の過程で解体され、建て替えられていった。だが、六〇年以上を経た今も、市内の各所には、被爆の惨状を物語る被爆建造物が残されている。被爆後も傷つき生き残った被爆樹木も、戦

被爆橋梁の元安橋欄干

後の復興期の市民の心の支えとなり、生きる希望を与えてきた。

一九八〇年代に、広島高校生平和ゼミナールと広島県歴史教育者協議会と広島市教職員組合の三者が『ドキュメンタリー原爆遺跡―ヒロシマの子の爆心地レポート』（平和文化、一九八八年）を発行し、「被爆樹の記録」「爆心建造物の記録」「川と橋の記録」「寺と社の記録」「旧軍全滅の記録」の五章の構成で、四七の原爆遺跡を紹介している。

八〇年代には、開発優先の都市計画や、老朽化を口実にした被爆建造物などの破壊がすすむなか、広島赤十字・原爆病院、元大正屋呉服店、旧広大理学部一号館、そして被爆樹木などの保存運動がおこり、「遺跡保存」を求める広島の世論は大きくなった。

これを受けて、一九九〇年三月二七日、広島市議会は「原爆遺跡の保存を求める決議」を満場一致で採択した。決議に応じて設置された「被爆建物等継承方策検討委員会」は「被爆建物等に関する総合記録書の作成」を要望。「被爆建造物調査委員会」が発足し、精力的に資料収集と調査・研究が行われて、一九九六年三月に広島平和記念資料館から「被爆五〇年・未来への記録」として、『ヒロシマの被爆建造物は語る』が発行された。巻末の「被爆建造物リスト」には、解体されたものも含む一五七の非木造建物、現存する二九の木造建物、解体されたものを含む五五の橋、現存する五五の樹木、その他現存する墓石や灯ろうなど一一六がリストアップされている。

広島市は一九九三年に、被爆建物等保存・継承実施要項を定め、爆心地から五キロ以内に現存する建物などを「被爆建物台帳」に登録し、所有者に保存・継承の協力を呼びかけ、保存工事の際の費用助成を行っている。

被爆樹木のマルバヤナギ

一九九〇年一二月四日、広島市内各地で保存運動に携わっていた一六団体、四八名の個人が「原爆遺跡保存懇談会」（略称は保存懇）を結成した。「保存懇」の主な取組みは、広島赤十字・原爆病院、広大理学部一号館、江波山気象台、レストハウスなどの被爆建造物を保存する署名活動、所有者訪問、アンケート調査とこれをもとにした市・県・国への要請行動、原爆遺跡のフィールドワークの実施、写真展や市民講座やシンポジウムの開催、『ガイドブック・ヒロシマ』『遺跡写真集』『爆心地・中島』の出版、袋町小学校の「被爆時の壁に残された伝言」の保存、被爆建物と爆心地四町の説明板の設置、原爆ドーム周辺の景観を守る運動など、多岐にわたる。

二〇一〇年八月一日現在、広島市が掌握している被爆建物は八九、被爆樹木は五五、被爆橋梁は六である（本書巻末に収録した広島市提供の「リスト」を参照していただきたい）。

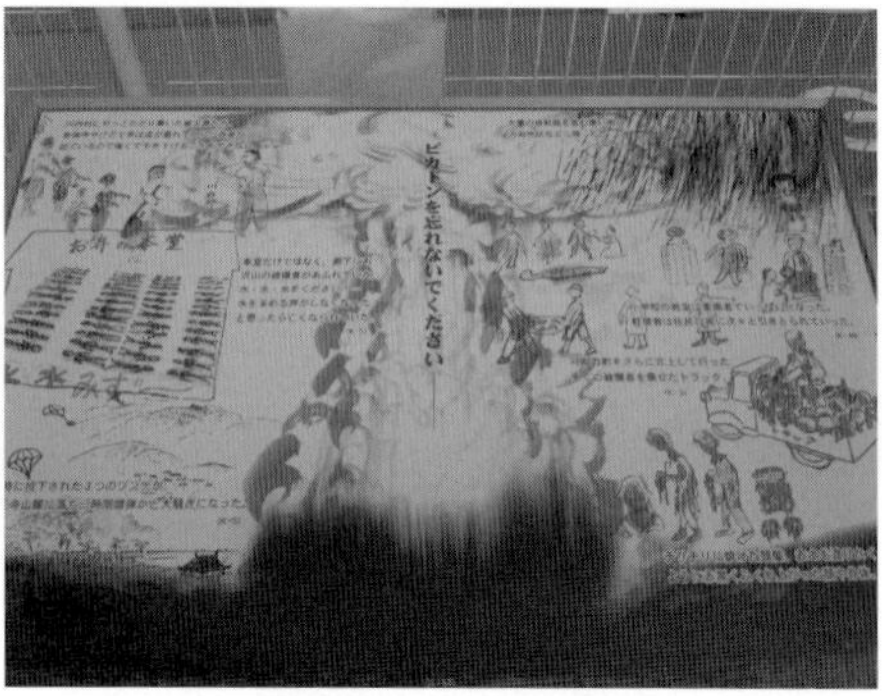

被爆者の絵（第10号碑）

※被爆者の絵を街角に返す運動

原爆資料館の地下には、被爆者の描いた絵が三千枚も残されている。これらの絵は、一九七五年にＮＨＫが「市民が描いた原爆の絵」を残そうと呼びかけた運動の成果を中心に、長期間にわたって市民から寄せられたものである。写真や文章、言葉ではとうてい表現しきれないあの日の光景が、描かれた人の心とともに直截《ちょくせつ》に伝わってくる。

この絵をひとりでも多くの人に見てほしい。そのために風雨に耐えうる陶板画にして、描かれたその街角に返そうと始まったのが、「被爆者が描いた原爆の絵を街角に返す会」の運動である。「過去の悲惨な体験は思い出したくない」「子どもを怖がらせることになる」などの意見にも配慮しながら、「八月六日のあの日の光景が忘れられない。原爆の絵を街角に返して後世に伝えたい。世界の人に見てもらいたい」という被爆者の強い思いに支えられて、広島市民に受け入れられていった運動である。

会長の早坂暁氏は、「夢千代日記」などで知られる脚本家だが、「ヒロシマをくり返さないために、あの日の光景を伝えていきましょう！」と、次のように呼びかけている。

《八月六日のあの日の光景が、鮮やかに衝撃的に描かれた絵が、実に三千枚も残されている。生き残った被爆者が、渾身の思いを込めて描いた《あの日の爆心地の光景》である。これこそ、被爆者の遺書ならぬ遺画であり、究極の報告書である。また、原爆の恐ろしい実相を、リアルに、克明に伝えるものは、被爆者の描いた絵しかない。私たちは今こそ究極の絵を、その描かれた街角に返したいのだ。（「原爆の絵碑ＮＥＷＳ」10号）》

広島ＹＭＣＡにある第３号碑

こうして街角に返された絵は、二〇一一年六月現在で一〇枚になった。絵碑の所在地は、①一号碑「西応寺」、②第二号碑「広陵高等学校」、③第三号碑「広島ＹＭＣＡ」、④第四号碑「日本福音ルーテル教会」、⑤第五号碑「広島女学院中・高等学校」、⑥第六号碑「天満小学校」、⑦第七号碑「福島生協病院内科クリニック駐車場」、⑧第八号碑「広島県歯科医師会館」、⑨第九号碑「広島赤十字・原爆病院」、⑩第十号碑「広島医療生協共立病院」である。

絵碑の設置後、実際に現地で絵碑に接し、解説や被爆証言を聞くフィールドワーク、つまり「原爆の絵碑めぐり」もさかんに行われるようになった。「街角に置かれた原爆の絵は、私たちに日常生活の中で平和を考えるきっかけを与えてくれます」「忘れてはならないことを、通るたびに感じることができます」「原爆の絵を街角に置き、たくさんの人びとの日常生活に折り込むことで、幅広い年齢層に伝えることができます」などと、「絵碑めぐり」は好評である。

返す会の「絵碑」は、かつて峠三吉たちの「われらの詩の会」の若者たちが、絵と詩を組み合わせたものを街頭や職場、学園、療養所などで展示して、反戦と反核平和をアピールした「辻詩」を想い起こさせる。

これもまた【観光コースでない広島】の旅だ。あなたも歩いてみませんか。

Ⅳ　被爆建物をたずねる

〈執筆〉高橋　信雄

元安川から原爆ドームをのぞむ

人類は、かつてない惨劇を広島の地で体験した。しかも、その行為は過去の罪業として存在しているのみならず、現在も多くの被爆者を苦しめつづけている。さらに重要なことは、あの惨劇を再現しかねない現実が存在していることである。

世界には数万個もの核爆弾が貯蔵され、ミサイルをはじめとした運搬手段も高度に発達している。私たちは、核戦争と隣り合わせで生きている。

核戦争が何をもたらすのか、ヒロシマはそれを考える原点である。

しかし、被爆後六〇年以上の歳月が経過して、被爆者の数は減り続け、被爆者から直接ヒロシマの体験を受け継ぐ機会は少なくなっている。

被爆建物は「ヒロシマの惨劇」の動かしがたい物証である。これを過去の物語としてだけではなく、未来の指針として位置付けなければならない。

この章では、爆心を中心に広島市内にあるいくつかの被爆建物を紹介する。あなたの想像力を十分に発揮して、一つの都市をたった一発の爆弾で壊滅させたヒロシマを追体験してほしい。

❇原爆ドームとレストハウス

一九四五年八月六日、原子爆弾は、標的とされた相生橋からわずか南東の島外科病院の約六〇〇メートル上空で炸裂した。この熱線を浴びた旧広島県産業奨励館（現原爆ドーム）のドーム部分の屋根を覆っていた薄い銅版は、一瞬で蒸発し、それを支えていた鉄骨がむき出しとなった。しかし周辺の屋根は厚みのある資材で覆われていたため、一瞬の熱線では蒸発することはなかった。

つぎの瞬間、強力な爆風（衝撃波）が襲いかかり、空洞となっていたドーム部分を直下に突き抜け、屋根を支えていた鉄骨や三階建ての壁と窓を押しつぶし、現在の姿になったと推定されている。

「奨励館はまだ燃えていなかった。（相生《あいおい》）橋ぎわの変電所あたりに看護婦らしい女たちが一二、三人焼け焦げて倒れ、奨励館の前にも四、五人いる。みんな着衣が焼けたり、脱げたり、裸同然になり、身体があかっぽい色になっている」「慈仙寺（現在の平和公園北端）の通りは、家がペシャンコに崩れ火の手があがっている」

これは原爆炸裂の日、東方約三・五キロにいた奥田秀吉さん（四〇歳）が、午前九時ごろに相生橋のたもとに立ち寄った時の様子を記したものである。

原爆ドームとともに爆心地に残ったレストハウス（旧大正屋呉服店）は、旧広島市庁舎、旧広島市立本川小学校校舎、旧勧業銀行などと同じように、当時、広島市の建築事務委託だった建築家の増田清氏が設計した昭和初期の建物で、広島近代化のシンボルであった。

レストハウスは原爆によって地下室を除いて全焼したが、耐震設計が施されていたため、爆心から一七〇メートルの至近距離にありながら基本的形態をとどめた。八月六日当日、この建物には三七人が出勤しており、被爆直後、八人が傷つきながらも建物から脱出したが、たまたま地下室に書類を取りに降りていた野村英三さん（当時四七歳）一人を残して、その後全員が死亡した。現在の平和公園は、爆心から半径五〇〇メートルの中にあるが、野村英三さん以外の生存の記録は残されていない。

戦後は早い時期に破損した屋上スラブを撤去し、木造小屋組みの屋根が架けられるなどして使用され、一九五七年からは広島市が東部復興事務所、一九八二年からはレストハウスとして使用されてきた。

一九九六年に広島市がレストハウスの解体計画を発表すると、市民の保存を求める運動がおこり、文化庁やユネスコからも市への保存要請などが行われ、解体はストップしているが、計画は今も撤回されてはいない。

❇袋町小学校・平和資料館

袋町小学校は、一九三七年、鉄筋コンクリート造り三階建ての西校舎として新築された。下足室や倉庫のある地下室と水洗便所やダストシュートを備えた近代的校舎で、二一の教室があった。戦局が厳しくなった一九四五年二月、南北の木造校舎を建物疎開で解体し、高学年の児童は県北の各地に集団疎開させていたが、原爆による被害は著しいものであった。鉄筋校舎も外郭のみを残し、重要書類その他一切が焼失した。

被爆時には、教職員三四人、児童・生徒八八六人が在籍していたが、五九六人の児童は九人の教職員に引率されて県北に学童疎開をし、七〇人の生徒は雑魚場町《ざこばちょう》の建物疎開（空襲による火災の延焼を防ぐために防火帯部分の建物を撤去すること）に学徒動員されていた。残留していた教職員一六人と、児童一四〇人は朝礼の後、建物疎開した校舎の後片付けにとりかかっていた。

爆心から六〇〇メートルに位置した校内では、鉄筋コンクリート造りの西校舎内にいた友田くん、嵐くん（ともに四年生）と太田くん（三年生）の三人と小林哲一校長、坪田省三教頭を除く全員が死亡した。

坪田省三教頭は、疎開児童を訪問する保護者のために証明書を発行しようと西校舎の職員室で机についていた。直接熱線を受けない場所であったためか一命はとりとめた。

袋町小学校の被爆時の壁に残された伝言。袋町小学校平和資料館内に保存されている。

「高いところからヒューという音が聞こえてきた。大きな爆弾らしい。自分の頭上に落ちてきたなと思って、急いで目と耳をおさえ、床に伏せ、さらに机にもぐりこんだ。目を開けていると周囲は真っ暗である。じっと見ていると、一瞬パッと明るくなったので、『生きているか』と叫んだが、答えるものはだれもいない。（略）急いで廊下に出ると、小林校長と出あった。校庭に出て見ると、ちょうど夜明けぐらいの明るさであった。（略）小林校長は、右足をやられて歩けず、私はガラスの破片で右肩が痛んだ。そこで縁方《へりかた》に校長を担ぐようなかっこうで助け合いながら出かけた」（坪田教頭の手記から）

焼け落ちた西校舎は、臨時救護所となり多くの被爆者が収容され、身寄りを訪ねた家族や学校関係者が安否をたずね、自らの情報を発信する多くの伝言を火災の煤で真っ黒になった壁に白チョークで記していた。インフラが一瞬にして破壊された状況下での連絡手段であった。

終戦を迎えても、救護所となった三階建ての校舎すべてに医療団・治療所・薬品統制組合・衛生課・薬品倉庫などの団体が入っており、立ち退き交渉もなかなか進まず、その上、学区内の居住者も少なく、学校再開にこぎつけたのは、一九四六年六月のことであった。

広島市は、この被爆校舎が老朽化したとの理由で一九九八年に新校舎建設計画を発表したが、同窓生や被爆者・市民は被爆校舎をぜひ残してほしいと強く要求した。話し合いのなかで広島市教育委員会は被爆校舎の実態調査に応じ、専門家チームを編成した。

その結果、校舎内部の壁面には、死没者、行方不明者の消息が記された跡とともに、校舎が救護所になっていたことを物語る新たな伝言や、火災によってできた煤のついた天井などがみつかった。貴重な校舎の全面保存は実現せず、消息を記した「伝言」などを展示する袋町小学校平和資料館として、校舎の一部が保存・公開されている。

❊旧日本銀行広島支店

日銀広島支店は日中戦争の前年、一九三六年七月に竣工した。広島随一の堅牢さを誇るビルであり、爆心から三八〇メートルという近距離で被爆したにもかかわらず、今もなお当時の姿をとどめている唯一の建物である。

一九四五年八月六日当日、三階は広島財務局の一部が疎開しており、日銀は一、二階で営業していたが、開店時刻は午前九時でシャッターを閉じていたために、爆風で窓枠ごと破壊されたものの、内部は大破をまぬがれた。

一方、財務局が使用していた三階は、すでに一六人の職員が出勤していて窓のシャッターも開けられていた。明るい真夏の陽光に浸りながら仕事にとりかかろうとしている矢先に被爆したために、通りに面した窓枠が次々に破壊され、室内には火災が発生した。一六机や椅子などすべてのものが廊下側に吹き飛ばされた。一六人の職員のうち、即死者六人で、一九八五年の生存者は四人に過ぎない。

三階の四人の生存者と六人の即死者は、わずか数十センチの距離に居合わせていたのである。彼らの運命を分けたものは何か。

NHK原爆プロジェクトは、日銀三階を正確に再現し、八月六日八時一五分、ここで起こったできごとを再現している。

座席配置と熱線と放射線（ガンマー線）の入射角度と照射領域が一六人の運命を鮮やかに描き分けている。

旧日本銀行広島支店は、市民の芸術・文化活動の発表の場として保存・活用されている。

一九九二年に日銀広島支店が新庁舎に移転した後、建物は閉鎖されたが、保存を求める世論や市の要請により、二〇〇〇年五月にこの建物は「広島平和記念都市建設法」に基づいて、広島市に無償貸与されることになった。

市は市民の声をもとに検討し、二〇〇三年六月、市民の芸術・文化活動発表の場とすることを公表した。

❇福屋百貨店

福屋百貨店は一九三六年五月に着工、二年後の三八年五月に竣工した。当時は珍しい冷暖房設備を備えた地下二階、地上八階建ての百貨店であった。しかし戦争の激化とともに、堅牢な建物として陸軍や統制会社、国の機関などが使用し、百貨店は休業状態となった。

被爆当時は、つぎのような配置になっていた。

地下二階　陸軍通信隊／地下一階　福屋・雑炊食堂ほか／一階　中国地方軍需管理局／二階　中国地方軍需管理局／三階　広島県木材統制化医者会社／四階　金属回収会社／五階　広島貯金局／六階　中国海運局／七階　広島貯金局／八階　福屋事務所ほか

被爆によって、「白亜の殿堂」とたたえられた福屋の建物は、骨組みと外郭を残して完全に焼失した。現存はしないが原子爆弾災害調査報告書によると、「福屋屋上の金網主柱は一度、爆心反対方向に屈曲し、再度の逆方向への屈曲によってその部分が折れている」と記され、原爆の衝撃波・爆風のすさまじさを示していた。

七階で被爆した河内貞子（旧姓石原）さんは手記に次のように記している。

「どうして脱出したのか分からないが、とにかく暗闇から出ることができた。モンぺはボロボロに裂けていたが、制服の上着だけは着ていた」

河内さんを直撃した衝撃波・爆風は、モンぺを引き裂きボロボロにするほどの力をもっていた。このことは、原爆資料館などに現物展示されている被爆者の衣服などをとおして追体験できる。

現在の福屋百貨店

被爆後、血便が出るものが増加し、その症状が赤痢と診断され、八月一七日にはこの建物が臨時伝染病棟に指定され、二階と三階に収容された。この血便の症状が原子爆弾の放出した放射線による原爆症であることが明らかになるのに、約一カ月間かかった。
一九四五年一〇月から後片付けが始まり、翌年一月から酒の立ち飲みが始まり、五一年五月に戦前の売り場面積を回復した。
被爆五周年に当たる一九五〇年八月六日、この年の六月に朝鮮戦争が始まり、占領軍によってすべての集会が禁止され、アメリカが広島、長崎につづいて三発目の原爆を朝鮮で使用する可能性に言及するというなかで、この日を迎えた。

この当時、アメリカ政府を批判することは命がけの行為だったが、広島市民はこの日を記念する平和集会を計画し、実行した。その一つ、福屋デパート前の集会で反戦ビラがまかれる様子を、被爆詩人・峠三吉は次のように記している。

「一斉に見上げるデパートの／五階の窓　六階の窓から／ひらひら／ひらひら／夏雲をバックに／陰になり　陽に光り／無数のビラが舞い／あお向けた顔の上／のばした手のなか／飢えた心の底に／ゆっくりと散りこむ」（『原爆詩集』）

その後も福屋百貨店は全館の復旧工事にとりくみ、一九七二年には市民が愛着を寄せたテラコッタ（陶板）外装はそのままの姿で復元され、戦前の広島の繁華街の面影を伝えている。

❇旧広島大学理学部一号館

一九一五年ごろ、広島県内では帝国大学の設置を望む声が高まったが実現せず、一九二三年に広島文理科大学を設置することが決定した。一九二九年四月に開学、一九三一年に本館の一部が完成し、三三年に鉄筋コンクリート造り三階建てのヨの字型となった。

当初は三年生までで、定員は三〇〇人だったが、アジア太平洋戦争が始まると理科系の定員が増員され、南方特別留学生（東南アジアの占領地区から招いた国費留学生）も受け入れていた。

一九四五年六月、本館は三階部分と二階の一部が中国地方総監府に接収された。総監府は、本土決戦に備え、本土が分断されても自立できるための地方機関で、全国八カ所に設置された。総監は前広島県知事の大塚惟精であった。

本館は被爆により外郭を残して全焼した。学徒動員のため学生の人的被害は少なかったが、理科系の教職員と一部学生、南方特別留学生が被爆し、一九四五年末までに一三四人が死亡した。中国総監府の職員も多数が犠牲となった。

被爆した文理大学本館は、修復されて広島大学理学部一号館となり、多くの若人を育ててきた。なかでも戦後まもなく広島文理大学長となった長田《おさだ》新《あらた》氏は、自ら瀕死の重傷を負った被爆者として、一一七五人の子どもたちの手記をもとに、一九五一年に『原爆の子』を編集するなど平和運動の先頭に立って活躍した。その仕事にとりくんだのが、この一号館の建物である。

保存がのぞまれている旧広島大学理学部一号館
（元広島文理科大学本館）

後に広島大学長をつとめた川村智治郎氏は、多数の被爆者の血痕がついたタイル壁を保存し、この建物の玄関に展示するなど被爆に実相の継承につとめた。また広島大学自治会は、原子兵器の絶対禁止と厳重な国際管理を要求したストックホルムアピール署名活動にとりくみ、占領下にもかかわらず核兵器使用反対を被爆地広島から訴えた。こうした人たちにとって、この建物は特別な意味をもっている。

ところが広島大学の東広島市への移転にともない、理学部一号館は閉鎖、放置されており、大学関係者や卒業生から「平和と学問について考える原点、象徴としてどうしてもこの建物を保存してほしい」という声が高まっている。

旧広島大学の建物の取り壊しと更地化が進み、放置されつづければ、理学部一号館の被爆の痕跡を残す外壁の損壊や内部の荒廃が進むのではないかと懸念されている。

二〇一〇年三月、広島市は「旧理学部一号館の跡地を東千田公園とし、その保存活用については広島市が検討する」と発表した。これに基づき早急に保存・活用の計画の立案と、その実行にとりかかることが求められている。

❇アンデルセン

一八七六年、広島における最初の銀行として開業した三井銀行は、一九二五年に革屋町（現在の中区本通七番一号）に新築移転した。ルネサンス様式を基本とする鉄筋コンクリート造りの優美な建物であった。

三井銀行は一九四三年四月に第一銀行と合併して帝国銀行となり、この建物は帝国銀行広島支店となった。原爆投下時、銀行内には宿直員六人と女性銀行員一二、三人がおり、全員かろうじて脱出したとされているが、まもなく死亡したか行方不明となってしまったため、被爆時の詳細は不明である。

外壁は爆心側の北西部が著しく破壊され、屋根のかなりの部分が抜け落ち、それを支えていた梁や柱が鉄筋を露出させて垂れ下がり、多数の亀裂が生じた。しかし金庫室の上部など、壁の密度のある部分は崩壊をまぬがれたが、内部は焼失した。そのような中で、アメリカのモスラー社製の大金庫は無事で、内部の現金や書類なども無傷であった。

被爆後は修復されて、一九五〇年に帝国銀行広島支店として使用が開始され、一九五四年には元の三井銀行に戻った。一九六二年に三井銀行が移転した後、一九六七年にタカキベーカリーが買収し、レストランを兼ねた店舗「広島アンデルセン」に改築された。

この建物をそのまま使うか建て替えるかの議論があったが、経営者夫妻がヨーロッパをまわった際、伝統的な外部を残しながら内部を近代的に使用していることを学び、効率は悪くとも古い建物のよさを残すことを決心し被爆建物として保存されることになった。一九九四年の外装補修には、広島市からの助成も行われた。

これは広島市が一九九三年に設けた民間所有の建物の基礎・内部補修、被爆の痕跡の保存などへの助成交付金制度によるものである。しかしながら、この制度がつくられたのが民間所有の被爆建物の多くが保存の困難さを理由に、すでに次々と姿を消していった後で、制度の整備が遅きに失した感はぬぐえない。市の助成金拡充などにむけての今後いっそうの努力が求められている。

帝国銀行広島支店時代に被爆した広島アンデルセンは、市民に愛される食文化建築として、有効に活用されている。

なお一九九七年には、敷地の南側に八階建ての新館を建て、一体化して利用するという大規模な増改築が行われて現在に至っている。

※本川小学校・平和資料館

本川小学校は一九二八年七月、広島市内の公立小学校では最初の鉄筋コンクリート造り三階建ての校舎として建設された。

校舎はL字型で一階部分の開口部にアーチを連続させ、特に西側に張り出した正面玄関にもアーチを取り入れ、全体的にモダンな印象を与えるものであった。

爆心から四一〇メートルの至近距離で被爆し、強烈な衝撃波・爆風と三千度から四千度といわれる熱線が襲いかかり、約四〇〇人の児童、一〇人の教職員、校舎内で勤務していた県庁土木部員などの多数の犠牲が出た。奇跡的に助かったのは、教師と児童の二人だけであった。

校舎も残骸のみになるほど破壊された。東側・爆心に向いた壁面と窓枠は波打つように湾曲し、屋内の木造部分は焼失あるいは、猛火のなかで生じた酸素欠乏で炭化したが、倒壊はまぬがれた。一九三三年に建設された講堂は、木造部分が完全に焼失し、鉄筋がむき出しになった。翌日からは臨時救護所となり、多くの被災者が収容された。

最小限の補修をして翌年の二月に授業を再開しているが、その時は人数が少なかったので、北隣の広瀬小学校と合同で行っている。

地下室のある旧校舎の一部が保存され、公開されている本川小学校平和資料館。

あの日、職員室で被爆しながら生き延びた堀江克子先生は、こう証言している。

「机の下にしゃがんでいてどれくらいいたったか、明るくなった時、目の前の講堂は鉄骨をむき出して燃えており、正門の前も本川の向こうも火の海だった。逃げまどう子ども五、六人をつれて本川べりへ脱出。そこには焼けただれ、皮膚が垂れ下がった人が群れ、泣き声、うめき声がみちていた」。

また当時六年生だった居森（旧姓）清子さんは、次のように証言している。

「ものすごい音とともに、まわりは真っ暗になった。運動場に出てみると同級生が黒こげになっていた。本川に出て、猛火で熱いので満潮の川に入っていった。いつか黒い雨が降った」。

被爆校舎は、一九五六年の戦災復興土地区画整理によって本川沿いを緑化するために、東端の六教室が撤去され、一九八七年には東校舎全体の撤去が決定されたが、現在は地下室のある位置を一階部分とともに約四〇〇平方メートルが部分保存され、「平和資料館」となっている。

先述の証言者・居森清子さんは、この地下にあった靴脱ぎ場で被爆したと思われる。地下室で焼け落ちた当時の配電盤、その他の資料に接することができ、被爆の追体験の場となっている。

❇広島赤十字病院

一九三九年二月、鉄筋コンクリート造りで本館と一、二号館をもつ日本赤十字社広島支部病院が竣工した。

爆心から約一・五キロの地点にあったこの病院は、強烈な爆風・衝撃波によって鉄筋コンクリートの本館、一、二号館の窓ガラスは吹き飛び、窓枠は湾曲し、内部の間仕切りや吊天井なども大破した。収容中の患者二五〇人中六九人が犠牲となった。

広島赤十字病院には、被爆直後から多くの被爆者が救護を求めて集まってきた。当時、陸軍病院であったこともあって、ほかの病院以上に医薬品の備蓄があったが、たちまち使い果たしてしまった。救護活動は二二日間にわたり、これに従事した救護員は延べ七九二人、患者数は延べ三万一千人にのぼった。

連日休む間もなく救護にあたった谷口オシエ婦長らは、宿舎が倒壊していたので、病院敷地内のイモ畑で毛布にくるまって三、四日を過ごしたという。

あの朝、勤務を終えたばかりだった看護婦の宇野ヨネ子さんは、手記に次のように記している。

「一時間もしない内に市内で被爆した人たちが押し寄せた。無言のまま、服は焼け焦げ、腕の皮はだらりと垂れ下がっている。女か男かも識別できないくらい顔中が焼け、髪の毛もちぢれ、目も鼻も大きくふくれあがった人たちが長い行列をつくった」

広島赤十字病院窓枠と壁

また、本館地下室に保管されていたレントゲンフィルムが感光していたことが、京都大学の荒勝文策教授らによって確認され、原子爆弾認定の決め手となった。

一九五六年九月、構内に原爆病院が併設され、被爆者医療の中心的役割を担ってきた。平和公園に設置されている「原爆の子」の像のモデルとなった、佐々木禎子さんが闘病生活をした病院としても知られている。

一九八九年に本館の取り壊し計画が明らかになると、原爆ドームを破壊の象徴とするならば、この日赤本館は生きる営みの象徴と受けとめ、「いのちの塔」と呼んで親しんできた被爆者・市民は熱心な保存運動に立ちあがった。しかし、世論が大きく盛り上がっていた一九九三年に取り壊しが強行され、衝撃波・爆風でねじ曲がった窓枠と無数のガラス片が突

江波山気象台には、被爆した建物北側外壁部分や２階旧図書館のガラス片でえぐられた壁などが保存されている。

き刺さった壁が、モニュメントとして展示されているのみである。

※江波山気象館

一八七九年には広島県庁内に広島測候所が置かれ気象観測が始まっている。その後、広島測候所は国泰寺に移転し、さらに一九三四年に現在の中区江波南町に広島測候所として鉄筋コンクリート造り、二階建てを新築し、移転している。

広島気象台と改称したのは、一九四三年のことである。アジア太平洋戦争末期には、機材や書類を一部疎開させるとともに、江波山高射砲隊が駐留していた。一九四五年八月一一日には広島管区気象台となり、終戦をむかえた。

爆心から約四キロ離れているにもかかわらず、衝撃波・爆風によって窓枠は曲がり、ガラスも飛び散った。観測機も二重構造の部屋に設置されていた地震計が大破し、風速計は振り切れた。

当日は八時に職員二五人全員が出勤していた。その時のことを職員だった高杉正明さんは次のように記している。

「事務室で資料整理をしていた。熱線は浴びなかったものの、飛び散ったガラスの破片で左顔面から左肩にかけて切り傷を負った。私は軽傷だったので、重傷の仲間を担架に乗せ、陸軍病院に連れて行った。昼ごろ帰台し、観測機器の点検をしていたら夕方になってしまった。……観測データを中央気象台に伝えようと、仲間と三人で袋町の電信局に向かった。しかし、市内のここかしこで火の手が上がっていたため、引き返すしかなかった」

被爆から約一カ月後の九月一七日、枕崎台風が広島に上陸した。最大瞬間風速三六メートル、気圧九六一ヘクトパスカル（当時はミリバール）、一時間の最大雨量五三・五ミリであった。気象台では三〇分ごとと観測していたが、それを民間に伝える手段がなく、広島県の死者・行方不明者は三〇六六人に及んだ。このなかには、大野陸軍病院（現廿日市《はつかいち》市大野町）に収容・治療中であった被爆者と、調査・治療に派遣されていた京都帝国大学原爆災害調査班の全滅に近い被害も含まれている。

一九四一年以降、航空機重視の近代戦化にともない、敵国の作戦に有益となる情報を与えないよう、天気予報の発表は中止され、国民には気象情報が伝わらないシステムがつくられていた。このことが終戦後までも影響して大惨事を生み出したのである。

一九四九年から広島気象台となり、一九八七年に広島合同庁舎に移転するまで使用された。その後、広島市によって江波山気象館と改称され、一九九二年六月にオープンした。

衝撃波・爆風を受けた北側の外壁や飛散したガラスが突き刺さった壁など、被爆の痕跡も保存され、被爆当日に時間の経過にそって職員がスケッチした、「きのこ雲」の絵などの展示を見ることもでき

広島逓信病院旧外来病棟は被爆資料室になって残った。

る。

❇広島逓信病院

広島逓信病院は、一九三五年一一月に鉄筋コンクリート二階建て、一部三階、地下一階の広島逓信診療所として竣工した。大きな窓をもつデザインを取り入れた日本最初の病院で、市民からモダンな建築物として親しまれた。

しかし窓の大きさもあって、被爆時の被害を大きくした。南から襲った衝撃波・爆風でガラスは吹き飛び、窓枠も大きく湾曲した。内部も破壊し、医療機器類もほとんど失った。防空用の暗幕が熱線を受けて発火、炎上し、歯科診療室をのぞく二階内部が全焼したが、一階と地下室は類焼をまぬがれている。

一九四五年七月以降、入院患者を退院させており、職員だけが勤務していたが、死者一人、重傷者七人と軽傷者二五人が出た。

市の中心部から火災をのがれて牛田方面に避難する被爆者が殺到し、午後四時ごろには、病院の庭、入り口、廊下など、あらゆる場所を重症患者が埋めつくした。病院に収容した重傷者は二五〇人に達したといわれている。

当初の患者の症状は、火傷と外傷で、その治療が行われていたが、八月八日ごろから激しい下痢・吐血・下血症状が出はじめた。このような症状が発生する原因をつかみかねた医師たちの苦悩は大変なものであった。血便のとまらない患者は赤痢の感染も心配されるなど、治療の試行錯誤がつづいた。負傷しながら救護活動に当たった逓信病院長の蜂谷道彦氏は、原因をつきとめようと病院をたずねて来る人ごとに爆弾の種類をたずねた。

八月二〇日、被爆で焼失していた顕微鏡が東京から届き、蜂谷院長が血液検査を行ったところ白血球の減少がわかり、八月二九日には解剖も行われ、放射線障害であることが明白となった。

蜂谷院長は、被爆者救護の陣頭指揮を執りながら、八月六日から九月二九日までに見聞きしたことを丹念に記録し、これを後に『ヒロシマ日記』（朝日新聞社、一九五五年）として出版した。その後、各国語に翻訳され広島の惨状を伝えたこの本は、放射線障害・原爆症を研究する者の必読書であるといわれている。

一九七三年、中国郵政局が建て替えられるのにともなって、逓信病院も一九七五年に新築移転した。一九九五年、旧外来病棟の一部に被爆資料室と復元手術室が整備され、公開されている。

❇東照宮

三代将軍徳川家光は、家康の霊を祭るために日光東照宮を建立するとともに、諸大名にも各地にそ

原爆で焼失をまぬがれた東照宮唐門、翼廊、御供所などは2011年６月現在、修復工事中である。

の造営をすすめた。当時の広島藩主浅野成晟《なりあきら》は、生母が家康の三女であったことから造営に熱心であった。京都から多くの職人を招き一六四八年に社殿を完成した。

桧皮葺《ひわだぶき》の本殿・拝殿は被爆当日、南正面から襲いかかった衝撃波・爆風によって持ち上げられ、後方にむけて倒壊・焼失した。その火災で焼けただれ剥離を起こした礎石が復元された本殿の左後方に残されている。

唐門、翼廊などは、瓦や天井が吹き飛び北側に傾いた。当時ここには、本土決戦に備えて東照宮の参道沿いに設置されていた第二総軍の通信隊が駐在しており、この部隊の消火活動によって唐門、翼廊は焼失をまぬがれた。

現在、第二総軍跡の片隅には、軍馬の碑が植え込みに囲まれて残されている。

一九五一年ごろまでには復旧工事がすすみ、焼失した本殿・拝殿なども一九七〇年代には、ほぼ復元された。広島市の重要文化財に指定されていた唐門・翼廊は、二〇一一年には修復工事が完成する。

被爆によって社司夫妻は負傷し、夫人は一〇月、社司は翌一九四六年一月に死亡している。被爆当日は、市内から押し寄せる避難者で境内や石段下の広場は大混雑となった。

救援に駆けつけた陸海軍救援部隊や軍部医師会派遣の救護所が、現存する鳥居下にテントを張って開設されたが、無惨な姿で集まってくる被爆者は次々と倒れ、息を引き取っていった。

現在も左右の灯篭に囲まれている石段下の広場には、足の踏み場もないほどの負傷者と死者があふれていた。東照宮の参道横に住んでいた主婦の話は、「壁の倒壊でむき出しになった炊事場の手押しポンプには、水を求めて集まった被爆者が、水を前にして息絶え、重なりあって倒れ、わが家は凄惨な修羅場となった」と記している。

国前寺の山門

東照宮には、石段下の山裾に沿って流れる湧き水があり、今も見ることができる。この水は、被爆者の渇きをいやすとともに、多くの人々の死に水ともなったのである。

❇国前寺

この寺の前身は暁忍寺と称したが、二代広島藩浅野光晟《みつあきら》の正室が一六五六年に菩提寺としたことから、国前寺と改められた。

被爆当日、爆心側の雨戸、障子を打ち破って本堂内に入り込んだ衝撃波・爆風は、天井と屋根瓦を吹き飛ばして抜け去った。庫裏《くり》（台所）も瓦が吹き飛び建物全体が北側に傾いたが、爆心から約二・六キロの距離にあったため衝撃波・爆風で大きな被害を受けながら、倒壊・焼失はまぬがれ、傷跡を修復しながら戦後を生き抜いてきた。

一九九三年に本堂と庫裏が国の重要文化財に指定され、一九九五年には山門と敷地全体が広島市の重要文化財に指定され、復元工事が行われ現在に至っている。

NHK編「劫火《こうか》を見た」に収録されている浜田義雄さんの絵には、八月六、七日の国前寺が描かれている。そこには、雨戸、瓦を吹き飛ばされた本堂には負傷者があふれ、露天の境内も収容しきれない負傷者があふれている。夜には月や星の明かりが、吹き飛ばされた瓦の隙間から漏れ、雨が降れば傘でしのぐという状況であったことが見て取れる。

また、当時小学三年生だった方の手記には、国前寺の様子が次のように記されている
「私と妹はお寺の中を見てまわった。お寺の座板の下はもう死人で埋まっていた。流し口から出てくる汚い洗い物をした水が流れているところに一人のおじいさんが、口を開けたまま亡くなっていた。お寺の庭は、あちこちのすみに至るまで死人やけが人でいっぱいだった。そして傷を負っている人は、口々に水をくれ、助けてくれ、苦しいという叫び声や、うめき声をあげていた。

お母さんは、幟町《のぼりちょう》の家で被爆し、胸の骨が四本も折れていたのに帰ってきてからもいろいろ働いていましたが、九月七日になって直径〇・五センチほどの茶色の斑点が出て、耳も聞こえなくなり、九月九日にとうとうあの世の人となってしまいました。それから二人の妹もつぎつぎとなくなりました」

✻尾長天満宮

福島正則の改易（御家断絶）の後、広島藩主となった浅野成晟《なりあきら》は菅原道真を厚く尊敬していたといわれている。菅原道真が大宰府に流される途中に、当時海辺であった尾長山麓に舟を着けた尾長天満宮があることを知って大変喜び、老朽化した社殿の建て替えに尽力し、一六四〇年に現在の場所に壮大な社殿を造営した。

尾長天満宮

この社殿は、一九二五年の水害によって流され、一九三七年に復興したが、境内はほぼ現在の規模に縮小されている。この時、流出した土砂で足元を埋められた鳥居が現存し、長身の大人がくぐるのは難しいほどの高さとなっている。

この社殿も被爆によって大きな被害を受けたが、一九四七年に氏子の尽力で再建された。

随神門、手洗所、拝殿、本殿は被爆によって大破したが、倒壊・焼失はまぬがれた。鳥居、灯篭、狛犬も被爆に耐え、現在まで生きのびている。

被爆当日は、天満宮下に救護所がつくられたので多くの被爆者が押しかけた。列をなして順番を待っていたが、次々と息絶え、無惨な死体となった。

ある被爆者は「東練兵場に避難していたとき、天神様の所で傷に手当てをしてくれると聞き、母に背負われて行きました。治療所に行ってみると、私どころではなく、たくさんの大けがをした全身やけどの人がいっぱいいました。私のけがはなかなか手当てしてもらえず、そのうち医者は六時にはそこを引き上げるというので、無理に頼んでやっと手当てをしてもらいました」と、当時を証言している。

❈橋梁

被爆時、太田川は七本の分流となって北から南へと流れていた。最後の分岐点にかかる橋が相生橋《あいおいばし》でT字型の構造をもち、当時の広島市街地のほぼ中央にあったため、原爆投下目標とされた。熱線と衝撃波、そして放射線の直撃にあいながら何とか生き延びた被爆者は、その後に発生した大火災からの脱出をはかった。

火に包まれた被爆者の一人ひとりが自分が直撃弾を受けたと感じ、その場から逃げることばかりを考えたが、逃げても逃げても火の海であった。狂乱の被爆者の多くが川へ橋へと押しかけたのである。

爆心から東西方向への脱出を試みた被爆者は、いくつもの橋を渡らなければならなかった。橋は殺到した人々を猛火の中から郊外へと逃がしもしたが、力尽きた人々は橋の周辺で死んでいった。また橋とて無傷ではない。崩れ、そして炎上するものも少なくなかった。

被爆者にとって橋は特別な感慨をもつものである。市民の手で原爆記録画を描く運動に集まった絵のなかには、橋をテーマにしたものが多い、また橋が登場する被爆者の手記も数多く残されている。被爆に耐えた四一の橋も、一九四五年の九月と一〇月の台風と水害によって二〇橋が流失し、その後も高度成長期の道路整備計画で新しい架橋工事が進み、次々と姿を消し、二〇一一年現在、被爆時の原形をとどめる橋は、京橋・猿猴《えんこう》橋・荒神橋・栄橋・比治山橋・観光橋の六橋となっている。

ここでは広島駅周辺の三橋をとり上げることにする。

被爆者が無傷だった京橋に殺到した。

❑京橋

毛利輝元が広島城に入城した年に木橋として架橋され、西国街道を通過し「京へ続く橋」の意味から京橋と名づけられた。朝鮮出兵の指揮を取るために名護屋城（現在の佐賀県唐津市）に向かった豊臣秀吉も、この橋を通って広島城に立ち寄っている。藩政時代に入ると防衛上、橋の架橋は制限され、この橋は京橋川に唯一架けられた西国街道筋の橋であった。

一八九四年の日清戦争の際、で大本営や帝国議会を広島に移したため、天皇や重臣たちもこの地にやってきた。この年の六月には、山陽鉄道が広島まで開通したため広島駅から城内に向かう途中にあったこの橋の往来は、大いににぎわった。

京橋は、一九二七年八月に現在の鋼板桁構造として竣工している。装飾などの金属部分は戦中の金属回収令による供出で姿を消し、被爆をむかえた。

被爆によって落橋はせず、被害は両側に建つ親柱の上部がずれる程度で、ほぼ原形をとどめて現在に至っている。

橋は、広島市内から当時救護所に指定されていた東練兵場（現在のＪＲ広島駅・新幹線口一帯）への避難経路、あるいは市内中心部に向かう救援活動の通り道として使われた。

この橋の惨状は、被爆者が描いた「原爆の絵」にもたくさん描かれている。

「家屋疎開（建物疎開）のために市の中央に向かう途中被爆し、のた打ち回る義勇隊員」

「炎天下、はだしで歩き、燃える京橋を無我夢中で渡る」

「燃えさかる市街をのがれ京橋をめざす人」

「妹をさがすとき見た橋のたもとにうずくまる真っ黒にふくれあがった人、幼い子どものように見えた」

「黒こげの死体を見て手を合わせる。京橋川にはたくさんの人や馬の死体が流れている」

「満潮の川に浮いている死体をとび口で舟に引き上げていた」

東方にのがれる被爆者が最初にたどり着いたこの京橋一帯は、被爆直後から大混乱となっていた。時間が経過するなかで、死人の流れる川と化した京橋川、あたりに真っ黒こげとなって散乱する死体を目の当たりにしながら、肉親をさがす人々が行きかった橋でもあった。

❏猿猴橋

広島駅正面の駅前大橋の左手に位置するのが猿猴橋《えんこう》である。この橋から京橋への通りはかつての西国街道筋にあたり、交通の頻繁な通りであった。なお、現在広島駅前にかかる駅前橋は、被爆当時は現在地から約三〇〇メートルあまり上流に架かる木造橋であり、市の中心部と広島駅を結ぶ主要ルートは猿猴橋筋が担っていた。

猿猴橋も被爆者の避難路となった。

猿猴とは、広島地方で水陸両棲の河童《かっぱ》のような生き物のことを言う。戦前、川で遊ぶ子どもたちに、大人が「河童に気をつけるように」とおどかしていた。

一九二五年、広島県によって永久橋として架け替えられ、当時広島でもっとも華麗な橋であった。親柱には地球儀の上に鷲が羽ばたく像が据えられ、勾蘭《こうらん》（欄干）には橋名にちなんで桃を手にした猿のレリーフ装飾が施されていた。

しかし、戦局が厳しくなり、金属回収令により橋を飾っていた装飾品も供出され、あとは石の欄干と親橋に置き換えられた。

一九四五年八月六日、この日は建物疎開の動員命令が出されており、多くの人々が市の中央部に出動していた。

爆心から一七〇〇メートルにあるこの橋の西詰めの親柱には、原爆の傷跡が残っていて、当時の惨状を伝えている。欄干の一部が破損したが、構造的な被害は軽微で、東に避難する多くの被爆者の避難路となった。

この橋を渡っていた多くの人が川の中に吹き飛ばされ、あるいは欄干に叩きつけられて即死、負傷した。その後、市の中心部から東方に避難するおびただしい人々がこの橋を渡っていった。

東詰めの松原町は午前八時四〇分過ぎに出火し、まもなく大火災となった。向かいの猿猴橋町も一〇時ごろに火災が発生し、鉄筋コンクリート造りの住友銀行松原支店、広島信用組合駅前支店をのぞいてすべて焼失した。京橋方向から地を這うようにして火が移ってきたという。

被災者たちは火に追われるように東練兵場へ避難していったが、大混乱のなか治療らしい治療は受けられずに次々と死んでいった。

なお内部は炎上したが倒壊はまぬがれた住友銀行松原支店は、一九四八年から広島駅前店と改称し、一九五九年に松原町に移転をした。その跡を衣料問屋の十和雅倉庫が取得し、ついで一九七〇年に谷口織物（現在の谷口）が取得した。

ここは広島駅前市街地再開発の対象地となっており、取り壊しが前提の計画となっているが、二〇一一年現在、保存の方策を求める運動も続いている。

□荒神橋

一九三九年に電車併用橋として鉄筋コンクリート造りで竣工した。荒神とは、かまどの神様のことである。江戸中期に二度にわたって大火事に見舞われ、この地の住民が火魔退散を祈願して荒神様を祭った記録が残されている。そのとき町名も矢賀新町から荒神町と改められた。橋名は架橋時に町名からとったものである。

爆心から2000メートル。黒い雨が降った荒神橋。

この橋は爆心から約二千メートルの位置にあり、衝撃波によって欄干が破損したが、渡ることはできたので多くの被爆者が郊外へとのがれていった。市中から逃れてきた被爆者のなかには、衝撃波によって衣服がボロボロに引き裂かれて裸同然の者も少なくなかった。

原爆炸裂時に橋を渡っていて川に吹き飛ばされる人、欄干に叩きつけられ即死した人、負傷してそこに倒れこみ虫の息になっている人であふれていた。また、午前八時に大潮の満潮をむかえていた川は、八時二〇分過ぎには引き潮に変わり、干満の差が四メートル近い太田川は、水位が下がりはじめるとともに川下への急流となっていた。

一〇時前には、このあたりにも激しい火災が発生し、午後三時ごろまで燃え続けた。この猛火に追われて逃げ場を失った人がたくさん川に入り、濁流に巻き込まれたり流されて溺死していった。

火災による激しい上昇気流で午後三時ごろに竜巻が発生し、川水を上空高く巻き上げていたという記録も残されている。この竜巻は一瞬のできごとであったが、それに巻き込まれた多くの被爆者が命を落としている。

荒神橋の一帯では、火災がおさまったころに黒い雨が三分間くらい二回降ってきた。

軽傷の地区住民は、ほとんど狩留家《かるが》村（現在の広島市安佐北区）へ避難したが、重傷者や肉親を探さなくてはならないものは、東練兵場にとどまった。この人たちも次々に死亡し、八月八日から一〇日にかけてたくさんの遺体が収容されている。

V　軍都広島を歩く

〈執筆〉高橋　信雄

平和記念公園から原爆ドームをのぞむ

戦前の広島は、戦地へ軍隊と軍需物資を送り出し、死傷した将兵や消耗した武器を回収・修理・補充する役割をもつ日本唯一の特別な都市で、兵站《へいたん》都市とよばれた。

広島がこのような都市となったのは、日清戦争以後のことである。

日清戦争をはじめる四年前の一八九〇年四月に宇品《うじな》港が完成し、建設中であった山陽鉄道（現ＪＲ山陽本線）も、六月に広島まで開通した。この月、朝鮮への出兵を決定した明治政府は、宇品港と鉄道を利用して軍隊・軍需物資を送り出すことにしたのである。このことが広島を兵站都市として位置づけるきっかけとなった。

一八八四年九月には大本営が広島に移され、臨時国会議事堂が設置されるなど、広島は日清戦争と大きな関わりをもった。戦後これらは東京に戻されたが、兵站基地としての軍事施設は、次の略年表にみるように日清戦争終結後もいっそう拡大・強化されていった。

原爆で壊滅した広島、平和都市としてよみがえったヒロシマに、過去の素顔を残すこれらの遺跡の多くが、今も町の片隅に残っている。この章では、そのいくつかをたずねることにする。

1894年6月		山陽鉄道が広島まで開通、陸軍運輸通信部宇品支部設置
	6月9日	広島第11連隊宇品を出発
	8月1日	日清戦争宣戦布告
	9月8日	広島城内に大本営設置

1895年6月　似島《にのしま》に陸軍検疫所設置
1897年3月　陸軍糧秣支廠設置
　　　　8月　砲兵工廠広島派出所設置
1900年7月　第五師団宇品から中国へ
1904年1月　陸軍被服廠広島出張所設置
　　　　2月10日　日露戦争宣戦布告
1905年1月　似島に捕虜収容所設置
1914年8月　第一次世界大戦開戦
1918年　似島に陸軍弾薬庫移設
1931年9月18日　満州事変始まる
1937年7月7日　日中全面戦争始まる
1941年12月8日　アジア・太平洋戦争開戦
1945年8月15日　終戦

❇広島城址

広島城は一五八九年に毛利輝元《てるもと》によって着工された。地盤の軟弱なデルタの上に築城するという大胆な発想と難工事の末に、一五九九年に完成した。この築城は、同時期に進行しつつあった豊臣秀吉

再建された広島城天守閣

の朝鮮出兵の後方基地としての期待もあり、秀吉は築城技術のサポートとして、側近の黒田如水《じょすい》を派遣している。

完成当時は当時の大坂城に匹敵する規模の城であったといわれるが、関ケ原の戦いの後、毛利輝元に替わって広島城の城主となった福島正則による改築があり、建築当時の広島城の姿についての詳細は不明である。

浅野家一一代の支配のあと、明治になると広島城は急速にその姿を変えていった。広島開基の地にちなんで基町と呼ばれた城郭一帯は、藩政時代の政治・軍事の拠点から、陸軍の拠点として軍事施設が立ち並んでいった。県庁は当初一八七一年七月に本丸に設けられるが、同年一〇月には三の丸に移転した。その後には鎮西鎮台の第一分営が置かれ、一八八八年には第五師団となって軍都広島を象徴する軍事基地を形成した。

その過程で天守閣、表御門、中御門をのぞき、本丸御殿や外郭の櫓《やぐら》など多くの城郭建築が解体され、軍事施設に姿を変えた。また外堀、中堀も埋め立てられ、道路や電車軌道といった都市近代化の基盤となった。

□天守閣

広島城天守閣には二つの小天守が接続していた。明治初期に火災で小天守を失ったものの、被爆までは、おおむね創建時の祖型をとどめていた。

アジア太平洋戦争末期には、一時的に兵舎として利用されていたといわれている。

被爆の瞬間、爆心から東北約九八〇メートルの距離にあった天守閣には、三秒足らずで衝撃波が到達し、その直後に秒速一六〇メートルに達する爆風に見舞われている。さえぎる物がなかった天守閣は衝撃波と爆風をもろに受け、まったく原形をとどめない残骸となって、天主台の上に崩れ落ちた。

天守閣の倒壊は、衝撃波・爆風の圧力が、下の層に大きなダメージを与え、まず下層を支える柱や壁面が損傷し、天守閣全体が自身の重みに耐え切れず、北東に傾きながら崩れ落ちたと推測されている。

一九四五年八月一一日に撮影された天守閣跡の写真にも、一〇月に撮影された写真にも、倒壊した天守閣の残骸が写っており、倒壊はしたが火災は発生していなかったことが明らかである。

現在の天守閣は、一九五八年に「広島復興大博覧会」が開催された際、鉄筋コンクリート造りで外観が復元された。ただし、最上階は木造での復元となっている。

□大本営と中国軍管区防空作戦室

一八九四年の日清戦争では、二階建洋館の第五師団の司令部庁舎が大本営として使用され、その後一九一五年に史跡として永久保存されることになり、「明治二十七八年戦役廣島大本営」と刻まれた

旧中国軍管区司令部跡（防空作戦室）

石柱が立てられた。これは、被爆によっても倒れず今日に至っている。

日中戦争以降は第五師団が出兵したため、後には留守師団が駐屯していたが、被爆直前には、本土防衛体制がとられることとなり、国内の軍編成が抜本的に変えられ、広島城内には留守師団に替わって作戦行動を受け持つ第九九軍と、軍事行政をつかさどる中国軍管区司令部が置かれていた。

被爆時、中国軍管区司令部防空作戦室に動員されていた比治山高等女学校三年生の岡ヨシエさんの証言から当日をふり返ることにする。

八月六日午前八時九分、B29接近の報が情報室に入った。八時一三分に警報のメモが作戦司令室から出たので、受け取った岡さんはさっそく通信を開始した。このとき岡さんは指揮連絡室の北西隅で通信を行っており、すぐそばにあった窓は、爆心とは反対側を向いていた。窓は警報中の場合、薄い鉄板でできた扉で閉じられるが、その時は警報がでていなかったので開けられていた。通信の最中、原爆が炸裂、窓から閃光が入った。事故だと思ったその瞬間に吹き飛ばされて気を失ったが、しばらくして意識を取り戻し、あたりを見回すと粉塵が濛々《もうもう》と舞って視界がきかなかった。

防空作戦室から外にでて目に入ったものは、司令部の庁舎などが真上から押しつぶされたかのように木屑と壁土の山になっていた。防空作戦室周辺や司令部庁舎が火災になっている様子はなかった。通信室に戻って使用可能な電話があることに気がつき、福山の歩兵連隊本部と連絡を取ることができた。「広島が全滅した」と伝えても、信じてもらえず、外に出た時、「新型爆弾にやられた」といった兵隊の言葉を思い出し、この言葉を伝えている。これが広島の被爆を伝える第一報となった。

その後、情報室勤務を交代する同級生が朝会をしていた本丸上段の旧大本営の建物前に到達したが、同級生の姿は見当たらなかった。旧大本営の左手前から建物の裏手にまわろうとしたが、草地が燃えており火に追われるように旧大本営前の桜池（現在も遺構が残されている）に入って、少ない水をかぶって凌《しの》いでいた。

一〇時過ぎから四〇分程度、突然大雨（黒い雨）が降り、火災が下火になって九死に一生をえた。この雨によって、旧大本営の建物は延焼をまぬがれた。

被爆樹・ユーカリ

❏被爆樹・ユーカリ

「原子爆弾災害調査報告集」（日本学術会議・文部省学術研究会議）によれば、「爆心から半径五〇〇メートル以内にあった樹木はすべて枯死し、幹は黒くこげ、枝は折れ、根元から手折れた。一千メートル以内の樹木の大多数は、数カ月あるいは数年後に樹勢が衰え、枯死した。一千メートルから二千メートルの範囲の樹木は、熱線によって枝、幹の爆心側が焦げたが、松などの針葉樹をのぞいたすべての樹木が生存した」と記されている。

広島城二の丸のユーカリは、爆心から約七〇〇メートルの位置にありながら、爆心反対側で生き延びた形成層から発芽し、半世紀を越え大木に育っている。『はだしのゲン』の作者・中沢啓二氏は少年時代この木によじ登って遊んだという、その体験をもとにした『ユーカリ木の下で』で次のように書いている。

「原爆という人類すべてを破壊しつくす兵器が襲いかかってのう。……ユーカリをこんなに引き裂きめちゃくちゃにしていったんじゃ。……みてみい片面が原爆の閃光で焼けただれ、もう朽ち果てたと思っていたが、三二年間立派に青い芽を出しているじゃないか。おまえはたくましいのう。りっぱだぞ」

このユーカリから本丸に一〇〇メートルほど歩くと被爆した「まるばやなぎ」を見ることができる。生き残った側から組織が盛り上がり、樹勢を回復してきた様子は、この樹によく現れている。

❇比治山から

❏陸軍墓地

小高い丘状の比治山の南麓斜面は、宇品港《うじなこう》（正式名称は広島港）が一望できるすばらしい景観を呈している。この一角に無数の墓石が所狭しと寄せ集められているのが、比治山陸軍墓地である。「墓地」と呼ばれているが、政府は墓地とは認めていないので「比治山公園」とされている。

この墓地は一八七二年に設置され、西南戦争以後の戦争で戦死した四五〇〇人あまりの墓が一基ずつ整然と建立されていた。

一九四一年、軍部は空襲に備えてここに高射砲陣地をつくることとし、墓地の取り払い、遺骨は納骨堂に収納したが原爆投下と終戦で工事は中断し、墓石や遺骨が谷間に散乱し無残な姿となった。いま見ることができるのは、戦後、有志の手で整理したものである。

陸軍墓地

この墓地からは、兵站都市広島の名残りをとどめる宇品線沿い建造物や軍港宇品、似島などが展望できる。

❑広島陸軍被服支廠

日露戦争で旅順が陥落した一九〇五年、その年の四月に陸軍被服支廠広島派出所が宇品線の沿線に設置された。当初は木造の建物であったが、一九〇七年に支廠に昇格し、一九一三年に鉄筋コンクリート造り、レンガ貼りの建物が竣工した。

被服支廠は、軍服、軍靴、軍帽、そのほか兵隊が身に付ける小物や付属品を生産・修理・保管・供給する施設で、被服の大規模な製

広島陸軍被服支廠

造・修理工場と保管・供給を行う倉庫群が並んでいた。
　この大倉庫群も戦争が激しくなり、本土空襲が始まると、攻撃の対象になることを恐れて機能分散のために疎開が実施され、木造の建物の大部分が取り壊されて歯がぬけたような状態となっていた。
　八月六日の被爆によって、屋根に大きな損傷を受けたが火災はまぬがれた。被爆直後は、臨時救護所となり多くの被爆者が収容された。
　被爆詩人・峠三吉は、ここに収容されていた知人を八月八日に初めて訪ねている。散文詩「倉庫の記録」には、その後の数日間の様子が次のように記されている。

「その日（中略）足の踏み場もなくころがっているのはおおかた疎開家屋の後片付けに出ていた女学校の下級生だが、顔から全身へかけての火傷や、赤チン、凝血《ぎょうけつ》、油薬《ゆやく》、繃帯《ほうたい》などのために汚穢《おわい》な変貌をして、もの乞いの老婆の群のよう。
　壁ぎわや太い柱の陰に桶や馬穴が汚物をいっぱい溜め、そこらに糞便をながし、骨を刺す異臭のなか
『助けて　おとうちゃん　たすけて
『みず　水だわ！ああうれしい　うれしいわ

『五十銭！これが五十銭よ！

『のけて　足のとこの　死んだの　のけて

声はたかくほそくとめどもなく、すでに頭を犯されたものもあって半ばはもう動かぬ屍体だがとりのける人手もない。ときおり娘をさがす親が厳重な防空服装で入って来て、似た顔だちやもんぺの縞《しま》目《め》をおろおろとのぞいて廻る」

詩は二日め三日めと続き、

「八日め……がらんどうになった倉庫。歪んだ鉄格子の空に、きょうも外の空き地に積み上げられた死屍《しし》からの煙があがる。

……K夫人も死んだ。

―収容者なし、死者誰々―

門前に貼り出された紙片に墨汁が乾き、むしりとられた蓮の花　片が、敷石のうえに白く散っている」

三四〇〇人もの被爆者を収容した倉庫群も、現在は西と南に面した鉄筋コンクリートレンガ貼りの建物四棟が、L字型に残っているだけである。

戦後は、高等学校、大学の校舎や寮、住居として使用され、一九五九年から日本通運広島支店に貸与されていた。

幅二七メートル、長さ九四メートル、高さ一五メートルの外観二階建て、内部三階建ての建物は、当時の壮観をよく伝えている。また西に面した鉄扉は内側に湾曲し、爆風・衝撃波のすさまじさを物語っている。

被服支廠《ししょう》の北側に、広島陸軍兵器支廠が広大な用地を占めていた。被爆でも倒壊、炎上をまぬがれ、救護所として使用された。また、八月一〇日には陸・海軍の調査隊がここで会議を開き、それまで「新型爆弾」としていたものを、正式に原子爆弾と認める「広島爆撃報告書」をまとめている。

立ち並ぶレンガ造りの建物の保存を求める声がありながら、取り壊されて広島大学病院となっているが、兵器支廠のレンガの一部を組み込んだモニュメントが残されている。

病院の入り口近くにつくられている記念館には、兵器支廠・被爆当時の様子・県庁などとして利用された戦後の歴史や、医学関係の展示がされ公開されている。

❏広島陸軍糧秣支廠

一八九七年、宇品海岸通りに陸軍中央糧秣宇品支廠が創設された後、一九〇二年に広島陸軍糧秣宇品支廠と改称された。その後、倉庫・精米所などと合わせて、一九一一年にレンガ造りの缶詰工場が建設された。現存しているのは、この建物の正面玄関のあった南棟で、広島市の郷土資料館として公開されている。

糧秣支廠は、将兵の食糧や軍馬の飼料を調達、製造、貯蔵、配送をする施設であったが、牛肉などを処理し缶詰にする工場としては、唯一のものであった。また日本軍は、戦地での物資輸送を軍馬・馬車に依存しており、軍隊とともに多くの軍馬を前線に動員していた。軍馬の飼料は膨大なものであり、糧秣支廠の広大な部分がこれをつくる工場となっていた。

最盛期には、三五〇〇人もの従業員が働いていたといわれるが、被爆時には規模が縮小されていて人的被害は軽微であった。しかし爆心から約三キロの場所にあった南棟を襲った爆風・衝撃波は、窓ガラスを破壊し、屋根を支える鉄骨を湾曲させるほどの力があった。郷土資料館の玄関を入り、屋根を支える鉄骨に鮮明な痕跡が保存・展示されている。

被爆時は、爆心から四・一六キロにあって、人的な被害が比較的少なかった陸軍船舶部隊が、重傷者を空き家同然の糧秣支廠に収容した。

原爆投下時、ここで働いていた吉山栄さんは、その時の様子を次のように記している。

「パリッと音がして、食堂の方がガタッと音をたてたので直撃されたと思った。……急いで椅子の下に隠れました。それから支社のなかにある防空壕へ急いで走って行きました。昼過ぎもう大丈夫だろうということで食事の準備に引き返しました。

その日、缶詰工場に出向していた一五、六歳の女工員が血まみれになってきましたが、その方がどうなったのかわかりませんが、支廠内の担架が不足するくらい大勢の負傷者が集まってきました」

昼前には、担架で運ばなくてはならない重傷者が、陸軍船舶隊によって運び込まれてきた。

❏広島陸軍糧秣支廠倉庫・陸軍桟橋

戦前の広島は特別な機能を有する都市であった。戦争遂行のために「必要なものを必要な時に」「必要な量を必要な場所に」供給するという役割を担う、全国で唯一の兵站都市であった。

広島がこの機能を担うようになったのは、日清戦争からである。近代日本の初めての対外戦争である日清戦争の戦場は朝鮮であり、兵員と物資を海上輸送しなければならなかった。

広島陸軍糧秣支廠倉庫のレンガ塀

当時、東京に第一師団、仙台に第二師団、名古屋に第三師団、大阪に第四師団、広島に第五師団、熊本に第六師団が置かれていた。各師団がそれぞれの港から輸送船で朝鮮に向かえばいいのだが、当時の日本には外洋航海できる大型船が少なく、各師団の港に配置することはできなかった。

少ない船舶を効率よく使用して海外派兵をするためは、国内の陸軍部隊を当時の唯一大量輸送機関であった鉄道を使用して、朝鮮に最も近い港へ輸送せざるをえなかった。最短距離に位置する港は博多港であったが、東京から西に続く山陽鉄道の施設は広島までであったため、宇品港（後に広島港と改称）が兵站とされたのである。

日清戦争がはじまると、山陽鉄道・広島駅から宇品港までの軍用鉄道宇品線が突貫工事で完成し、軍用糧秣の一時保管倉庫、陸軍桟橋などの港湾整備がすすめられた。

これらの施設は、日清戦争後も全国に分散されることなく拡張と整備が進んだが、戦後の再開発計画にともない次々と姿を消した。

現在は、日本で最長のプラットホームと称された宇品線終着駅に隣接して建てられていた広島陸軍糧秣支廠倉庫の一部がモニュメントして残されている。またこのモニュメントを海岸に数百メートル進むと、陸軍兵士・軍馬・物資を輸送した陸軍栈橋跡が残されている。

この栈橋から重傷の被爆者が、対岸の似島に送られた。その数は、一万を超えたともいわれているが、ほとんど生還できなかった。

広島湾に浮かぶ似島(「安芸小富士」とも呼ばれる)

❏似島

かつての宇品港・陸軍栈橋の南に浮かぶ似島には、広島港広島市営栈橋から似島学園行きに乗船すると見学の便がよい。兵站都市・広島の機能を担った施設、そして被爆者の押し寄せた跡を垣間見ることのできる遺跡が残されている。

朝鮮の戦場から戦傷病者が広島に後送されて来るようになると、沿岸部を中心に赤痢やコレラなどの伝染病が蔓延するようになった。

日清戦争での陸軍将兵の死亡者数は、戦死者一一三二人、戦傷死二八五人、病死一万一八九四人、合計一万三四八八人と記録されて

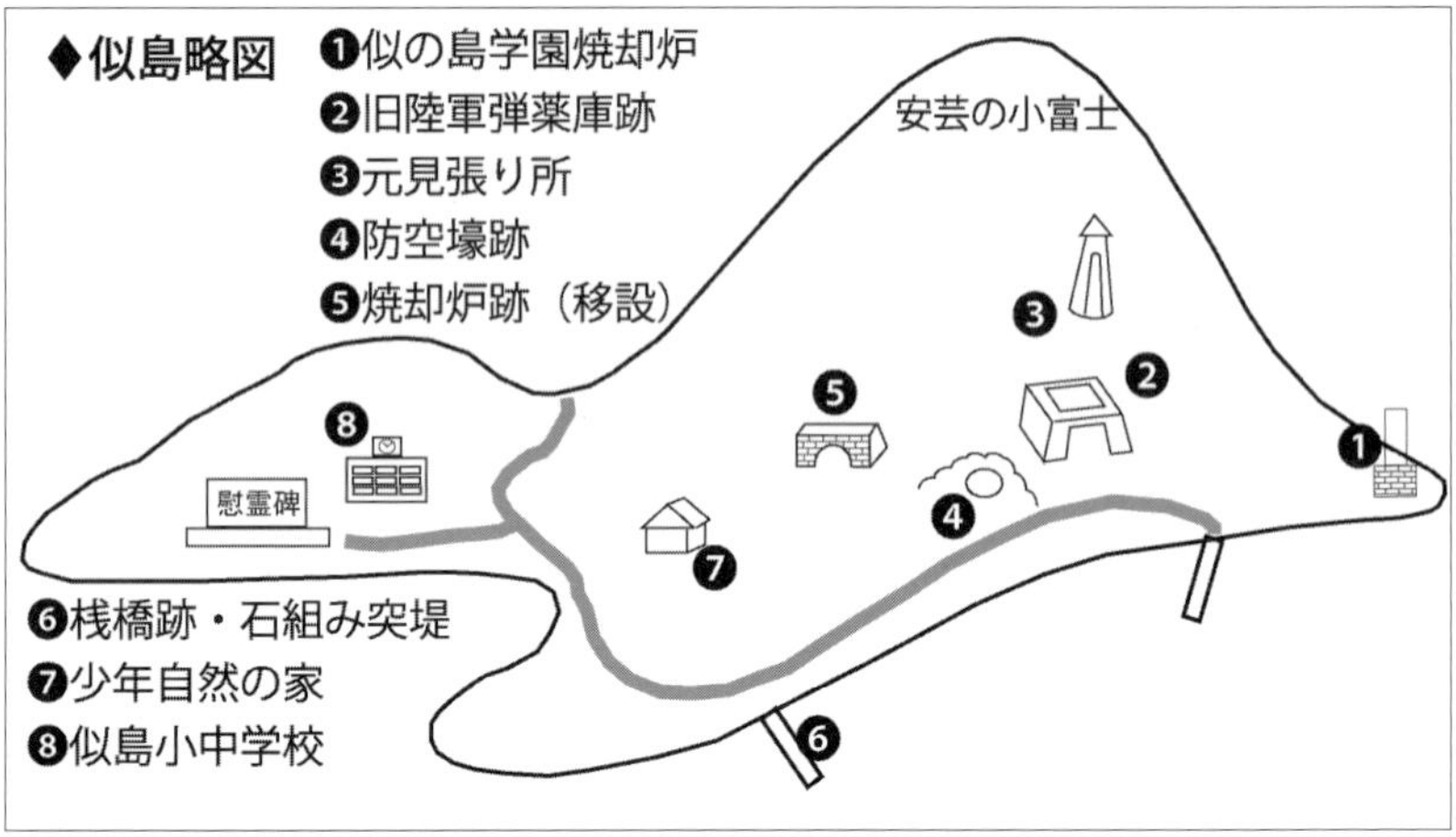

いる。死亡者の八割が病死となっていて、軍隊内の衛生管理の貧弱さを示している。

戦争が終わり、帰還する将兵に備えて、似島に陸軍の検疫所が建設された。この検疫所は、その後、次々と拡張されたが、被爆時には前線から送り返される将兵もいなくなり、休業状態となり臨時野戦病院に指定されていた。

八月六日、午前一一時前から次々と被爆者が搬送され、広い施設にも収容しきれず、炎天下の屋外にあふれていた。

似島検疫所付属病院の陸軍衛生軍曹であった小原好隆さんは、次のように語っている。

「私は、衛生下士官として勤務していた。……八月六日は午前一〇時ごろから送られてきた被爆者をみて、愕然として声もでなかった。老若男女の区別もつかず、幼児に至るまで無差別に年齢、性別の判断もできないほど変貌した、全身火傷の全裸に近い姿であり、さながら地獄絵そのものである。からだの三分の一を火傷すれば死に至ると聞くのに、全身火傷、それに裂傷まで加わり手の施しようもなかった」

「全身が火傷ですから、菌が入りガス壊疽《えそ》を起こす可能性が高いことが気がかりであった。そうなると菌が全身にまわって死んでしまうからである。足や腕を切断しなくてはならないのだが、五千人分あった麻酔薬が、三日目にはなくなってしまった。縫合の糸だけが二、三人分残っていたが、一五〇人くらいの被爆者が並んでいた。……『麻酔薬はないけれども、手術をする人はいないか』というと、しばらくして、縞のモンペを履いていた女子挺身隊の学生が、『どうしても死にたくないのです』『切ってください』と志願してきた。現在とは違い、骨を切るには弓ノコのようなものでゴリゴリ切っていくのだから、とても耐えられるものではない。しかし、放っておけば死んでしまうと思い、手術を始めた。麻酔薬がないので手術台の上で暴れるので頭や足を押さえて切っていく。その時にその子が出した『ギャーッ』という声を、今でも忘れることができない」

現在は、検疫所はすべて取り壊されて跡形もなくなっているが、被爆者を満載した船が横付けされた検疫所桟橋の突堤が、三本残されている。また、被爆者も焼却したのではないかとされる馬匹焼却炉、焼却しきれない被爆者の遺骨を収集して建立された慰霊碑などがある。

また、陸軍弾薬庫跡や検疫所関係施設の一部が原爆孤児収容施設となっていたが、その跡地は広島市立似島学園小中学校に転用されている。弾薬庫の建物は取り壊されてしまったが、弾薬庫を取り囲んでいた土塁の一部が残されている。

◆コラム――ヒバクシャの声

本書のサブタイトルは「被害と加害の歴史の現場を歩く」である。広島が「被害と加害」の歴史の現場であるというのは正しい。広島は被爆都市であると同時に軍都であったからだ。「わが国は、遠くない過去の一時期、国策を誤り、戦争への道を歩んで国民を存亡の危機に陥れ、植民地支配と侵略によって、多くの国々、とりわけアジア諸国の人々に対して多大の損害と苦痛を与えました」(村山談話、一九九五年)。

これを忘れる者は未来に誤ちを犯す者である。しかし、「原爆が戦争を早く終わらせた」とか「原爆投下は日本の侵略戦争と植民地支配の罰だ」というのはほんとうか。核兵器は、熱線・爆風・放射線による大量・無差別の殺人兵器である。さらに熱線・爆風の後遺症や、放射線による後障害によって、死ぬまでヒバクシャをおびやかし続ける非人道兵器である。遺伝的影響も心配だ。「被害者顔」は良くないが、核兵器使用の非人道性と核廃絶を訴えるのはヒロシマの責務だ。侵略したのだから原爆の報復は当然という「因果応報論」も克服されねばならない。

何よりも「日本中／世界中の子どもたちが／ぼく生きたかったと／泣かないで／すむように」(被爆者で『ヒロシマ　母の記』の著者・名越操さん)というヒバクシャの声こそ重要だ。ヒロシマ、ナガサキ、ネバダ、セミパラチンスク、ビキニ、そしてスリーマイル島、チェルノブイリ、フクシマなどと、核被害は広がる。ヒロシマもフクシマもヒバクは同じ。「ノーモア・ヒバクシャ」の声を大きく。「なぜあの日はあった」(全損保の碑)の声も聴きながら。

【澤野　重男】

Ⅵ　ヒロシマをめぐる文化・芸術

〈執筆〉大井　健地

原爆慰霊碑より原爆ドームをのぞむ

核兵器を現に所有し続けている人類社会、それを容認している人間に、文化的芸術的な志ある作品の読解は、核の廃絶を強く訴えかけてくる。

❇書きのこさねば――『夏の花』

原民喜（一九〇五―五一年）の文学作品を繰り返して読んでいる。

読んでも読んでも、読み終えた気にならない。わかった、もういい、という気持ちにならない。わからない、謎が残っているともいえるし、取り組むたびに新しい発見があるともいえる。

文章は短く、難解というのではまったくない。小説はほぼすべて短編だ。少しのエッセーも一頁か二頁の分量。あとは詩だ。すぐに読める。あっけなく読めて、すぐ次の短篇も読み、次々と読み続けていく感じ。どこまでも続く一本の道を歩き続けて、そして一人取り残されているようでもあって、自分はいったいどこにいるのか、何をしようとしているのかと自問することになる。そう、未来だけでなく今も〝昔〟（六六年前）も「何とも知れない」もののように思えてくる。

こうであるという断定も、こうでなければという拘束もない。青土社版と芳賀書店版の全集で二度、全体に目を通したのだが……。入門は『夏の花』からで、死と念想、亡妻鎮魂の道を経てまた『夏の花』に戻る読書往還である。

異なる風合いの短篇が積み重なって全体として一つの長篇私小説と化しているという見解に同意できる。

『夏の花』『廃墟から』『壊滅の序曲』の順に並ぶ三作を総称して「夏の花」としている。作者原民喜本人の意向だ。発表もこの順だが、『夏の花』は原題「原子爆弾」として一九四五年秋から四六年の執筆、占領軍のプレスコードへの対応があって、四七年六月号「三田文学」の発表となる。『廃墟から』は四七年一一月号の「三田文学」初出。『壊滅の序曲』は四九年一月号の「近代文学」初出。翌二月、単行本『夏の花　ざくろ文庫五』として能楽書林より刊行されている。その後記に「三篇は正・続・補の三部作」だとの言明がある。だから『壊滅の序曲』を「補」としておぎなって、ようやくまとまったという認識があったわけ。三篇の総量でも長いとはいえないが、まとめるには長い期間がかかっている、あるいは長い期間をかけているといえるだろう。

原民喜詩碑

　三篇が対象とする内容の時間軸に即せば、『壊滅の序曲』（八月四日午後四時ごろ以前）、『夏の花』（八月四日の亡妻の墓参と八月六日午前八時一五分以降八月七、八日）、『廃墟から』（八月九日以降）の順になる。だから読者は、いわば振出しに戻るように、惨禍、その後と読み進めて最後に被爆前の日常的な戦時下生活の描写である『壊滅の序曲』を読むことになる。読者は日常と非日常の惨禍の場を往還するわけである。

　しかし、この三作はそれ以前の作風とは大きく違い、かつ三作のそれぞれも内容と表現スタイルにおいてはっきり別様だ。特に『夏の花』と『壊滅の序曲』の差は激しい。

『壊滅の序曲』のよく知られている最後の文はこうなっている。

「……原子爆弾がこの街を訪れるまでには、まだ四〇時間あまりあった」。

先の八月四日午後四時ごろの算出根拠だ。井上光晴の長崎原爆の前日までを扱う『明日』を連想させる。平野謙はこの文を「千鈞の重みをもつ最後の結び」といい、三部作の中で「私が一番感心したのは『壊滅の序曲』の冷厳なリアリズムである」とする。また佐々木基一は本作を、珍しく家族間のいざこざを「小説風に書いた作品」とする。小説を「小説風」というのがおかしいのだが。

「実際、広島では誰かが絶えず、今でも人を探し出そうとしているのでした」で終わるのが『廃墟から』。不安や昂ぶりばかりでない、平静へのきざしのある記録。

そして、唐突な印象を残して終わる『夏の花』。竹西寛子『広島が言わせる言葉』が最も迫力ある『夏の花』論だ。

原民喜はとりあえずは、詩人的資質の短篇作家であるだろう。だが被爆を経験し、被爆の表現にたちむかうことで、作品の表現スタイルも作家としての自分も、それまでにない別種の凄みに飛躍する。日本の〝原爆文学〟の誕生の時刻を八月六日午前九時ごろのことといってよい、とするのは川西政明（『小説の終焉』岩波新書　二〇〇四年九月）だ。午前九時ごろ、広島市中区京橋川南の川岸に腰を下ろした原民喜は胸中をこう表現する。

「長い間脅かされていたものが、遂に来たるべきものが、来たのだった。さばさばした気持ちで、私は自分が生きながらえていることを顧みた。（略）今、ふと己れが生きていることと、その意味が、はっと私を弾いた。／このことを書きのこさねばならない、と、私は心に呟いた」（『夏の花』）。

「さばさばした」という箇所にも注目しておきたい。原民喜はずっと重苦しさ、不安に圧迫されて生きてきた。さわやかさが訪れるのはまれだった。けれど彼のそれまでの作品は、そのまれなる訪れをこそ形象化してきたといえる。その時、こんな「さばさばした気持ち」になったのは被爆地ヒロシマで原民喜一人であったかもしれない。だがすぐにも、現実に展開しているヒロシマのひどさはもっともっと深い重苦しさで原民喜を追いつめる。この時点ではまだ誰も被爆の全体を知ることはできなかった。やられたのは自分らのところだけと思った。個人的、個別的だった。原民喜は、ヒロシマの実相の一つひとつを当事者としてその澄んだ眼で凝視し観察し、視覚で捉えた光景を解釈を加えず即物的に、時間をかけて表現していく。

無数の死者たちと行方不明者。ぼう大な規模のジェノサイドの有様を、「書き残さねばならない」。自分が生きながらえた「意味」とは、この無数の嘆きをこそ作家として表現する、せめては書きものにして記録にとどめておくこと。このヒロシマの惨事を書きとどめることこそ生き残った自分の使命ではないか。死ななかったこちらの側の人間として亡妻の墓参の供花はこの惨禍を書き記すこと、それが自分の意味であり、あたかも亡妻から励まされ託された使命ではないか。そう思い、そう覚悟したのだった。

❇人間の眼――原民喜が見たこと

一九四四年九月二八日妻貞恵を失い、四五年一月末、広島の生家（幟《のぼり》町一六二番地）へ疎開。被爆後、八幡村（現・広島市佐伯区八幡）に避難。四六年四月の上京までのこの一年余りの広島での稀有の体験が原民喜の文学を決定する。

四五年八月六日午前八時一五分の記録。

「突如、空襲、一瞬ニシテ　全市街崩壊　便所ニ居テ頭上ニ　サクレツスル音アリテ頭ヲ打ツ　次ノ瞬間暗黒騒音

薄明リノ中ニ見レバ既ニ家ハ壊レ　品物ハ飛散ル　異臭鼻ヲツキ眼ノホトリヨリ出血」（四五年「原爆被災時のノート」）

八月六日の夜は京橋川の岸辺の窪地で野宿。

八月七日の夜は東照宮の境内で野宿。

八月八日昼すぎ、長兄の雇った荷馬車に乗って東照宮から饒津《にぎつ》、泉邸（縮景園）を通り、国泰寺に出て住吉橋を渡り己斐《こい》に向う。それは「殆ど目抜の焼跡を一覧する」ことだった。

「夏の花」ではこの被災地一覧を次のように描写している。

「苦悶の一瞬足搔《あが》いて硬直したらしい肢体は一種の妖しいリズムを含んでいる。電線の乱れ落ちた線や、おびただしい破片で、虚無の中に痙攣《けいれん》的の図案が感じられる。だが、さっと転覆してしまった

らしい電車や、巨大な胴を投出して転倒している馬を見ると、どうも、超現実派の画の世界ではないかと思えるのである」(「夏の花」)。

ここにある「妖しいリズム」「痙攣的の図案」、そして特に「超現実派の画の世界」という用語に注目したい。それは同郷、同時代人の靉光《あいみつ》(一九〇七—四六年)とその友人丸木位里《いり》(一九〇一—一九五年)の存在を連想させる。戦病死した靉光の《眼のある風景》(一九三七年)は、日本の「超現実派」、シュールレアリズムの最高作と位置づけられる。また《花園》(一九四〇年)《雉《きじ》と果実》(以下一九四一年)、《静物(魚の頭)》、デッサン《二重像》などの妖しさ、痙攣性を見てもらいたい。入市被爆者である丸木位里は、国民絵画といってよい衆知の《原爆の図》(初期三部作は一九五〇年)の作者である。

美術作品のことは置いて、まずは原民喜の美術作品に触れた記述を考えたい。ボッティチェリ、オルカーニャなどのイタリア古画の図版を彼は鑑賞している。死者の嘆きを抱え込んだ原民喜の美術体験の意味、その文学と呼応する視覚体験の表現から学べることは何だろう。

「その展覧会を見てから後は、世界が深みと幅を増して静まっていた。僕の目には周囲にあるものの像がふと鮮やかに生まれ変わって、何か懐かしげに会釈してくれた。それから、初めて全てのものが始まろうとする息苦しいような喜びが僕の歩いている街の空間にも漲《みなぎ》っていた」(一九四九年八月「夢と人生」)。

そのような展覧会、「僕の眼」をよみがえらせ「僕の歩いている街の空間」を新鮮な喜悦の情感に満たしてくれるような、そのような懐かしくも新鮮な展覧会に僕たちも出会いたい。だが、ここで僕らは立ち止まって考える。僕の眼は正しく見分けられ、感じ取ることのできる眼になっているだろうかという自省。見ることを学んできただろうか。見えているだろうか。それは単純に視覚に関わるだけのことではなく、思想や魂の問題の広がりに身を置いて全身で、自分らしい、あるいは自分の得たすべての感覚や能力で応答せねばならぬ性格の事柄だ。僕たちが豚や猫であって真珠や小判の価値を見抜けないのであれば、それは残念、僕たちは成長する良き人間の眼をもちたい。

人間の眼、そう、それこそが問題だ。

「人間の眼。あのとき、細い細い糸のように細い眼が僕を見た。まっ黒にまっ黒にふくれ上がった顔に眼は絹糸のように細かった。河原にずらりと並んでいる異形の重傷者の眼が、傷ついていない人間を不思議そうに振り向いて眺めた。(略)水の中に浸って死んでいる子供の眼がガラス玉のようにパッと水の中に見ひらいていた」(一九四九年八月「鎮魂歌」)。

何を見るか。何を見てきて、見続けているか。原民喜は「自分のために生きるな、死んだ人たちの嘆きのためにだけ生きよ」とすら記す。

原民喜は人間の死を見つめていた詩人、小説家であった。一九五一年三月一六日の告別式における「近代文学」同人の弔辞には、「原民喜さん　あなたは死によつてのみ生きていた類ひまれな作家でした」とある。惨禍の日の原爆死者の群れを目撃する前に、姉、父母、そして最重要な妻の死に出会っている。
妻の死を予感した彼が「もし妻と死別したら、一年間だけ生き残ろう、悲しい美しい一冊の詩集を書き残すために」(「遥かな旅」)と考える。一九四四年九月末の妻の死から一年もたたない翌年の八月、彼は逆運の広島にいた。八月六日を生きながらえた彼が、――死ばかり見つめてきたその彼が生きている――自分の生きる意味として「このことを書きのこさなければならない」(「夏の花」)と呟く。

死者の嘆きを抱え込み、いわば死者の眼で現世を見ている原民喜においてその美術鑑賞体験がどんなものだったかを考えるのは意味がある。先の引用の「その展覧会」とは、「街の公会堂で行われている複製名画の展覧会」。原民喜はそこでボッティチェリ《春》(フィレンツェ・ウフィツィ美術館)やジオット《小鳥への説教》(アッシジ・聖フランチェスコ聖堂)の図版を見た。それらの絵は「滑り落ちて僕の中に飛び込んでくるようだった。僕は人類の体験の幅と深みと祈りがすべてそれらの絵の中に集約されて形象されているように思えた」と批評している。そして、「現実の生きている人間の印象は忽ち時間とともに消え去るのに、記憶の底に生き残っている絵の顔は何故消えないのか」と問うている。

絵にしなければカタチにしておかなければ、即ち表現しておかねば記憶に残らない。デッサンという絵画表現も、例えば日記という言語表現も、せねばその物、その日はなかったに等しいことにも思えてくる。

すぎて行くもの、人、さらに時というものに対して充分な応対がしたい。

※非ヒバクシャでよそものだけど——詩

『原爆詩一八一人集』（コールサック社、二〇〇七年八月）を紹介したい。この本は一九四五年から、一〇年単位の編年でふりかえる「原爆詩」のアンソロジー。二〇〇〇年代の量が多いのは「過去」の詩のみでなく出版の「呼びかけに呼応し新たに原爆に対峙して」現役の人が書いた新作を含むからである。裏読みすれば、そうでもしないと詩集、しかも原爆が主題の詩集が売れない時代になっているというべきか。なにしろ一九七四年の大原三八雄《みやお》編『世界原爆詩集』以来三三年ぶりの原爆詩集というのだから。

「三三年ぶり」で思うのは、これからのこと。二〇一二年の三三年後は二〇四五年、ヒロシマ・ナガサキ一〇〇周年、即ち原爆百回忌、その時は今の大学生、大学院生らがほどなく還暦となるころ、核兵器をめぐる状況はどうなっているのだろうか。廃絶完了済か。

ヒロシマ某大学で
教官が中国の留学生たちに質問した
〈ヒロシマへの原爆投下をどう思うか〉
と

意外や　学生達の間からどっと笑い声がわき起こった
〈何故　笑うか?〉
きっとなって詰問した
〈だって原爆のおかげで私達は解放されたんですよ〉
と　有無を言わさぬ毅然たる返答であった
と　某紙コラムは報じた

以来、留学生の笑い声は作者の胸中に反響する（大崎二郎『笑い　三つ』二〇〇〇年代）。九〇年代にも「あの　ヒロシマの原子キノコ雲の『映像』にさえ／アジアの人びとは　大きな拍手をしたという」（津田てるお『コーヒーはブラック』）がある。一九七六年の栗原貞子「ヒロシマというとき」が加害をめぐる認識のひとつの分水嶺にもなろう。被害者であるが同時に加害の側にいた。そのことによる痛みの自覚が足りなかった歴史的事実に僕たちが直面しはじめたのはやはり七〇年代からだろう。唯一の被爆国が同時に加爆国になる道筋だけは僕たちは断固選ばずに生きてきたはず。

「僕は広島の旅人だけど」という題の詩（北畠隆）がある。「私はヒバクシャじゃあないんだけど」と最初に言ってから語り始める人もいる。「俺はヒロシマのよそのものだけど」と前置きしてから喋る人もいる。広島（廣島）のネイティブでなくても、心をこの地に寄せる各地の無数の人々。ヒロシマを記憶し表現する人はみなヒロシマ人だ。次は『原爆詩一八一人集』から若干の抜粋。

「その微笑をまで憎悪しそうな　烈しさで」。

「正義とは／つるぎをぬくことでない」。

「蹠《あしうら》にふむのはまぼろしの腸《はらわた》」、「丘にそば立てるＡＢＣＣこそ／屍の礎にそびえる阿修羅城」。

「ギド・レニエの／荊冠のキリスト」。

「犬の餌のようになったわたし」。

「傘の人質」。

「おれが目の前に佇《た》つや、いきなり／背中一面の瘢痕《ケロイド》を見せ／『ボク　ピカドン　ノ　語り部』だと」。

「つぎに〈ヒロシマ〉の上に紙をおく　鉛筆でこする／〈衆目の視線にさらすことによって　今一度《なぶる》　そのことについて考えたことがありますか？〉」。

「ちりちりのラカン頭／全身の皮膚を垂れ下げた少女二体の蝋《ろう》人形」。

「戦争は／若葉のような兵隊がする」。

「〈爪〉と表示されていたので／爪、とわかったものだった」。

「即死の時計」。

「もう四十年になるのですか／まだ捜しあてずに日が暮れます」（伊藤眞理子「たずねびと」冒頭

二行）は原民喜「夏の花」の「実際、広島では誰かが絶えず、今でも人を探し出そうとしているのでした」（「廃墟から」最終二行）を引き受ける表現になると思える。

❇破壊的な光景――『続　羊の歌』の広島

『羊の歌――わが回想』（正続・岩波新書　一九六八年）は加藤周一（一九一九―二〇〇八年）の自伝である。二分冊のうち「正」は四五年八月一五日まで、「続」は四五年九月以降一九六〇年までの回想である。

加藤周一はもと、血液学が専門の医者だった。博士論文「『X線大量照射がモルモットの造血器官に及ぼす影響の病理』ならびに参考論文三篇」によって一九五〇年二月二日、東京大学より医学博士の学位を得ている。彼は一九四五年の戦中と戦後、二度、多数の戦災者を診たのだった。

「合同調査団の委員」の加藤周一（後列左）「広島医学」第20巻（1967年）所収。

一度目は三月一〇日、一〇万人以上が焼死し、総罹災者は一〇〇万人以上という東京大空襲である。

本郷の東京大学構内にも爆弾は落下した。東大病院に爆傷者がおしよせトラックで運び込まれた。四三年九月から内科学教室の医局に副手として勤務していた二五歳の加藤周一は、運び込まれた患者の診療に全力を尽くした。「そのときほど我を忘れて働いたことはなかったし、またそのときほど我を忘れて働く人々の仲間であったことはない。（中略）爆撃機が頭上にあったときに私は孤独であった。爆撃機が去って後の数日ほど、私が孤独でなかったことはない」と『羊の歌』に記している。市民の一人としての〝民衆の医師〟のイメージの救援医療活動であった。

一九四五年八月一五日は終戦ではなく「敗戦」の日だと意識してきたが、『続　羊の歌』では終戦でも敗戦でもなく、もっとナマに「降伏」という。降伏した国に「駐留」ではなく「占領」軍がやってきた。

米国の軍医たちが東大病院内科教室に現れて、被爆者の「血液塗抹標本」を、顕微鏡で検査した。この病院には、仲みどりという被爆者が単独、自力でたどりつき八月一六日入院、二四日には手当てのかいもなく死んでいた。移動演劇さくら隊の女優。東大病院が知る最初の原爆症例。当時血液学専門医が三人いたうちの一人、加藤医師は当然知る立場にあったはずだが、この件についてはその著作にまったく触れられてない。もっとも東京大空襲罹災以後の四五年春から加藤周一は、彼の属した内科学教室とともに信州上田市の結核療養所に疎開中であった。東大病院副手として本郷に復帰したのは九月初めからだった。

『続　羊の歌』の二章目、「広島」のはじまりの部分、「広島には一本の緑の樹木さえもなかった。」から「彼らが以前の人間にたち戻ることはできないだろうと思われた。」までの二〇行余りの一〇月の広島市街地の描写を、僕は的確な文章だと思う。爆心地にいてその瞬間、炭化（！）した即死者はむろん、負傷者も探索者も介護者も、冷静に観察できるような時間はもちえなかった。ふた月後の他郷の、科学者にして表現者である加藤周一の条件のみが可能にした、そのような的確な、歴史的な名文だという感想を僕はもつ。

と同時にそのあとの叙述は、これではまるで被爆者のいうセリフではないかとすら僕は思う。《ノー・モア・ヒロシマ》というスローガンさえもが「ああ、それはちがう、どこかがちがう」「それだけではないだろう」という気をその後の加藤に起こさせた、というのだ。

一九四五年の加藤周一が多数の戦争被災者を診た二度目はヒバクシャの血液検査であった。彼はいくさに敗けたオキュパイド・ジャパンの一〇月の広島に赴き、留まり、ヒロシマの「人間を症例に還元し実験室の仕事に専念した」。それは治療しないと非難される、のちのＡＢＣＣのしたことと同じか否か。一〇月中旬から一カ月余り、彼は被爆者の血液標本を見つづける。道と川、あとは瓦礫ばかりの荒廃の原っぱがひろがるまったく平らになった奇妙な街、「あまりにも猛烈な破壊的な光景」のなかの、研究所検査室。米軍輸送機が立川から広島・吉島飛行場まで「原子爆弾影響【日米】合同調査団」員たる彼を運んだ（機内に公然と貼られた「裸の女の途方もなく大きな写真」にようやく二六歳になった彼は驚かされる。この軍用機があるいは飛行機搭乗初体験であった可能性が大だ）。

加藤先生は、広くは米国の軍事研究に加担したということにはなりませんか？　この答は「なぜアメリカに協力したのかということについては、後でいろいろと考えが変わってくるのですが、当時は私にとっても解放軍という面が強く感じられました」（『二〇世紀の自画像』ちくま新書　二〇〇五年）ということになるだろう。

『続　羊の歌』の広島の章は次の文で閉じられる。「私はその後長い間広島を考えなかった」。改めてその理由を問う成田龍一への加藤の答（前掲書）。

「……。語ると難しい。人間の苦しみです。被爆者の被害の途方もない残酷さ」。「原爆には、語ることの難しさ、言葉が用意されていないという特徴がある」。

1爆風。2熱波。そして3放射線――①放射線そのものによる即死、②若い細胞の段階的破壊による生存者の数カ月後の発症、③遺伝子破壊。核兵器はそれまでの戦争被害、空襲被爆を一変させた。それは一九四五年の加藤周一の二度の医療と医学の活動、その回想に照らして明白なのである。

※調査と隠蔽――リーボー「日記」など

「原爆は威力として知られたか、人間的悲惨として知られたか」と問い、「その被災の人間的悲惨について、世界中の人に周知徹底させること」を主張した中国新聞記者、金井利博（一九一四―七四年）の活動は著名である。金井の主著『核権力』（三省堂、一九七〇年）を通読中に予期せぬ「加藤周一」の名の記載に目がとまった。合同調査団のリストの日本側メンバー一五人のひとり。註も何もないからちょっと妙な気持ちになる。日本人の肩書は全員、「博士」だが、先に述べたとおり加藤周一の博士号取得は五〇年だからこれは誤り。

加藤周一は一九四五年一〇月一二日、広島に着任した。都築正男医学部教授の「任命」で合同調査団に「参加」したのだ。近代日本文学の小森陽一は「原爆の被害を隠蔽しつつ調査するために来たアメリカの調査団に連れられて、被害の実際の調査をせざるを得なかった」(『現代思想』二〇〇九年七月号)としている。どうだろうか。「米国軍医団が東大医学部に申し込んだ共同」研究への「参加」に、加藤の意思が皆無であったとは思われないのであるが。

『二〇世紀の自画像』で調査団は「学校の一つ」を借りたとある。この「学校」は「広島陸軍船舶練習部(旧大和紡績工場)」である。「練習部」とは教育機関のことで、青木笙子『『仲みどり』を探す旅』(河出書房、二〇〇七年)には当時の敷地図が載る。

『核権力』によれば「広島・長崎の人体被爆は/『戦争医学』のために調査研究された」。「日本側の学者は/『平和医学』の立場から、この調査に協力したが、結果的には肝心の研究成果の大部分を米陸軍病理研究所へ持ち去られた」。「核兵器の効果測定に次ぎ、核兵器の開発工程上の防護対策にも広島・長崎のデータは利用された」。米軍側の原爆関係研究の抑圧と独占の例として今堀誠二『原水爆時代—現代史の証言』(三一新書、一九五九年)の記述が引用される。「一〇月一四日には米軍のメイソン大佐以下二三名が宇品に到着/この頃になると原爆研究をアメリカの独占に移そうとする意図が露骨に現われ、あらゆる研究資料を没収し、戦利品として押えてしまった」。

金井が引用した合同調査団リストの出典は「災害との遭遇—広島の医学日記１９４５年」(『広島医学』第20巻一九六七年、に訳載)。その著者はアベリル・A・リーボー。『続　羊の歌』に「イェイル大学から来ていたＬ中佐」、「Ｌ中佐は病理学的検査の仕事に没頭」していたとあるアメリカ人軍医である。

以下、広島県立図書館で閲覧したリーボーの「医学日記１９４５年」から、加藤周一関連記述を主に、摘記しておく。

サイパン島で転任命令を受けたリーボーは九月二〇日東京着。翌日ＧＨＱで都築正男と会う。二二日東大医学部で合同調査団初会合。マッカーサーの顧問軍医大佐が挨拶で学術性を強調。「人類の要望」を口にしている。その折の「合同調査団の委員」五人の集合写真（二五五ページ）に加藤周一がいる。一〇月三日全員、立川へ。「すでに用意ができているのは礼儀正しい独身者の加藤医師で、かれは広島で初期の四四例の記録を完成する仕事を手伝うことになっていた」。

一〇月一二日、加藤ら日本側グループは二機のＣ—46型機で立川発、広島へ。一四日メイソン宇品着。「日英両語による記録作成と資料共有」を定める。日付不明で「宇品における合同調査団の研究室グループ」として加藤の写る二枚目の写真がある。『続　羊の歌』での「Ｌ中尉」こと「Ｊ・Ｐｈｉｌｉｐ　Ｌｏｇｅ」もいる（この人とはその後四六年を経ての再会の記録「故旧忘れ得べき」が『加藤周一自選集８』（岩波書店、二〇一〇年、二八七ページにある）。

「宇品における合同調査団の研究室グループ」加藤、中尾、Loge中尉ら。「広島医学」第20巻（1967年）所収。

一〇月下旬「中尾医師と加藤医師の求めに応じて、宇品における初期の一連の調査（中尾）で調べた患者について経過観察を行うべきかどうかを討議した」。「両氏は血液学的検査と脊椎穿刺《せきついせんし》」の準備をする。――『続　羊の歌』にいう「破壊という面からだけではなく、その恢復過程という面から」の調査の必要、それは治療の視点があってこそ考えられる調査ではなかろうか。

米国占領軍の「解放軍」側面を加藤は強調する。それだけ、戦時下の人間性圧殺を想像せよという告発になる。だがしかし、軍事の占領軍が即、言論の解放軍であることはない。

加藤周一の「自己反省」（『二〇世紀の自画像』一一九ページ）は重い。占領軍の検閲による隠蔽の罪は大と思う。原水爆禁止運動は一九五四年、ビキニ「死の灰」を浴びた焼津漁港のマグロ以降のこととなる。反核理性はそれまで遅延した。

❇死の内の生命――リフトンの研究

ロバート・J・リフトンの『ヒロシマを生き抜く――精神的考察』（上下・岩波現代文庫　二〇〇九年）は読み継がれるべき基礎的なヒロシマ文献の一冊。記録された被爆者のナマの声と実態、表現されたリフトンの観察と解釈はいまなお刺激的である。ヒロシマの風化が懸念される現代においては新事実のようにむしろ新鮮である。

リフトン（一九二六年ニューヨーク生まれ）は精神科医・心理学者。極限状況体験者の調査研究をする。『思想改造の心理――中国における洗脳の研究』、『日本人の死生観』（加藤周一、マイケル・

ライシュと共著、三島由紀夫ら六人を扱う）、『アメリカの中のヒロシマ』（トルーマンの原爆投下決定、スミソニアン「原爆展」中止の論争など）、『終末と救済の幻想――オウム真理教とは何か』（人類的脅威の狂信的集団、そのテロリズム問題分析）などの著作がある。いずれも学術書ではあるが概して読みやすい。それにはテーマが同時代の切実な関心を呼びよせるものだからでもある。

原爆によってひき起こされた事態の歴史的心理的研究が『ヒロシマを生き抜く』である。一九六二年五月から九月半ばまで広島で七三人の被爆者と個人面談し、その聞きとり調査を基に分析、検討、解釈の操作を経て論述したもの。大部の著作であって多面的総合的な問題把握がなされている。内容をしいて次の三項に類別してみよう。①原爆症としての心理的障害の指摘、②被爆者はどう生きたか、救済・生活・社会条件、③被爆者はどう作品表現されたか。

①は医学の問題。中澤正夫『ヒバクシャの心の傷を追って』（岩波書店、二〇〇七年）によって説明すれば、リフトンは「死の呪縛」「罪の同心円」「精神的麻痺」のカテゴリーをたてて、被爆者の内面の悩み痛み苦しみを構造的に捉えて概念化、言語化した。ＡＢＣＣも日本の調査団も精神医学、心理学の部門をもっていなかった。放射能による身体疾患である「ぶらぶら病」が定着することで、かえって被爆者の心の傷の発見が遅れている。リフトンは、感情機能を停止させる急性的なサイキック・クロージング・オフ（心理的閉めだし）、慢性的なサイキック・ナミング（精神的麻痺）を示したのである。

一九八〇年以降、ベトナム帰還兵に大量発生した精神症からＰＴＳＤ（心的外傷後ストレス障害）

研究が発展している。リフトンはじめ米国精神科医が政府に働きかけたという。

ところでＰＴＳＤ一般症例は時とともに薄れるが、被爆者の場合は薄れず遷延し今なお遅発性発症がみられるという。「トラウマに追われ続け消えない、加重するのは原爆体験以外にはない」。「放射能による後障害やその恐れが次々と、新たなる心的外傷を形成するからである。『放射能が一生追いかけてくる』のである。そこに原子爆弾の悪魔性がある」（中澤正夫）。

原爆症の心理的障害（心的外傷・トラウマ）には時効のないことを知っておきたい。中澤の本には次のような事例が挙がっている。

二〇〇六年七月二日のことだという。六九歳の男性が、六一年前に被爆した土地（広島市中区舟入川口町の舟入高校正門前）を訪ねた。あれ以来初めて。動悸が強まる。取り乱すおそれを自己危惧する。――だが、跡形はまるでない。会った付近の人もみな淡々と平然としている。「今浦島」の気分。その足で原爆資料館に初めて入る。翌日東京へ帰る、その乗り込んだ新幹線の席に坐って「プシュッとビールをあけた」途端だ。〝固まった〟。「気がついたら東京に着いていた」、「ビールには一口も口をつけていなかった」。

六一年間密封していた心の傷が「急に漏れ出した（顕在化した）」のだと著者・中澤精神科医は言う。それは、噴出したとも形容したい症例なのである。

②先の「罪の同心円」とは「生者は死者に、軽症者は重傷者に、入市被爆者は直爆者に対し」、そして非被爆者が被爆者に、申し訳のなさ、罪の意識を抱くことをいう。死にとらわれた「生存者」は

デス・イン・ライフ（「生ける屍」とも訳しうる）であるか。リフトン批判はここに起こる。

そのまえに、書誌的コメント若干。

一九六七年米国、ランダム・ハウス社が、『DEATH IN LIFE Survivors of Hiroshima』刊行。この英語版原書の表紙と内扉には墨書き日本語で「死の内の生命」とある。リフトンは「学問的翻訳というよりデザインとして装幀者のアイデアで漢字表示したもの。この訳は間違いであり、出版社のミスだ。版元［ランダム・ハウス社―大井註］に抗議した」と言う（小倉馨『ヒロシマに、なぜ』渓水社、一九七九年による）。

一九七一年二月、朝日新聞社が日本語訳『死の内の生命――ヒロシマの生存者』刊行。訳者代表のあとがきに「意味をとって『死の内の生命』と訳すことにした。原文の表題は、死にとらえられた生命を象徴する」とある。

二〇〇九年七月、岩波現代文庫として『ヒロシマを生き抜く（上・下）――精神史的考察』とタイトルを変更し復刊。ただし「創造的対応」の二章分ほかが割愛されている。

ちなみに加藤周一はこの本を『ヒロシマの生き残り』の訳題にしている（『高原好日』ちくま文庫、二〇〇九年、二一〇ページなど）。

❇「被爆者の英知を世に広めるために」

リフトンの原著は、広島に来る外国人のうちの、篤志の人にとっての被爆者問題学習書。アメリカで広く知られた、影響力のある本だった。それだから困る、と前広島市長の秋葉忠利は示唆する。リフトンが研究対象との距離を保って冷厳に粘り強く観察した精神医学的心理研究は、その客観的調査によって秀でている。その分析、あの解釈、この記述、慎重で綿密なのである。こんなにも詳しい「凄い」力作大著でありながらも、ことは単純に、一面的ではないのか、秋葉はアメリカ人の自己中心性が被爆者に投影されていると言う（『人間の心ヒロシマの心』三友社出版、一九八八年、四九ページ）。科学的で精神医学的な手順でしかも文学的でもある記述できれいな構成の、そして読みごたえのある、きっぱり断定したリフトンの解釈がよどみなく連続し並べられる。だが、奇妙な感じが残る。――この小気味好さは何だろう。リフトンはよく調査し、よくまとめあげたのである。にもかかわらず……。

八〇年代から九〇年代にかけてリフトンの、旧版『死の内の生命――ヒロシマの生存者』の被爆者像に疑義を感じた人は多かったのではないか。一九八七年七月三〇日、広島でのある学会の平和シンポジウムの記録である秋葉忠利編『人間の心ヒロシマの心』は参考になる。また秋葉の著作『真珠と桜』（朝日新聞社、一九八六年）も参照のこと。リフトン邸を訪れ対話を収録している大江健三郎『ヒロシマの「生命の木」』（日本放送出版協会、一九九九年）は、先のシンポジウムの要約もあって経緯が理解しやすい。

例えば「第六章　原爆運動の指導者たち」の「6　『原爆一号』」、「7　原爆熱狂聖者」の節は、あの人のことだと認知できる彼と彼。ともに故人。原水爆禁止広島運動史また被爆者生活史のなかで特徴的なローカルの〝有名〟人。それぞれが「権力」と極限的に正反対の「無力」故にこのようにしか生きられなかったのが彼と彼だろう。異風の〝奇人〟伝のような印象も残す。また、アメリカ人学者によって名のない無防備な日本庶民が（学問の名で？）裁かれているような印象も残る。その「判決文」として読まれることはリフトンにも本意ではないはずだが、結果としてそういうニュアンスが感じられる可能性もある。

リフトン批判が鋭く提起された一九八七年のシンポジウム参加者のひとり、著名な広島の医師原田東岷《とうみん》氏の発言によってひとまずまとめれば、1．リフトン実施の「あの当時のサーベイは、日本人が誰もやろうとはしなかった」――だからリフトンの研究は意義深い。2．被爆者の心理そのものが時代によって変化してきている――だからリフトンにも限界はある。

「心の傷越え核廃絶訴え――被爆者像の変化」、こういう見出しで舟橋喜恵氏執筆の記事が、中国新聞二〇〇八年一月六日に掲載された。以下要約。

リフトンは「被爆者を死にとりつかれた生命として描」き、「そこからの回復については悲観的だった」。

「しかし、心の傷を抱えながらも立ち直り、核兵器廃絶の先頭に立」つ被爆者もたくさんいる。

リフトンの被爆者像（リフトンは書名にもあるとおり、「生存者survivors」と表現する）には希望がない。

『死の内の生命』は調査した一九六二年当時の時代条件を強く反映した、歴史限定的な著作である。リフトンを読んで圧倒されながらもどこか違和感、ためらい、さらに反発の感情をも持った読者に納得できる内容。

広島に居住することは、この地での見聞からマスメディア経由の情報に至るまで、特に地元ブロック紙の記事によって、「ヒロシマ」にまた「ハチロク（8・6）」に特別な思いを深めさせる。広島の児童の八月六日は登校日である。他県の子には設定のない、原爆に関する授業、平和教育・平和学習はなにかと特別な印象を残しているはず。広島で暮らせばいやおうなしに、胸巾広く活力的な尊敬すべき被爆者に、また敬愛すべきしっかりした被爆二世にも出会う日常なのである。りっぱな希望を持った、尊敬できる被爆者の歩みがある以上、リフトンの六〇年代のレベルに留まるわけにはいかないのである。

一方、その後のリフトンも変わったと思える。年齢と研究を重ねて、円熟する。八七年のリフトン発言の「人を動かす力のあるテクストが皆そうであるように、ヒロシマも、それぞれの真実を探し求める世代ごとに、読まれ、吸収され、再形成されなければならない」に異存はない。

二〇〇九年五月の『ヒロシマを生き抜く』の序文では被爆者の英知は人類の英知、「本書は被爆者の英知を世に広めるために書かれた」とされている。

「第七章　解けやらぬ葛藤」にも注目しておきたい。モニュメントとミュージアム、即ち記念建造物についての合意形成への困難な過程を記録している。道路（幅一〇〇メートルの「平和道路」は「ＡＢＣＣに至る王道」であったか）、資料館（溶けた石の標本を収集するひとりの地質学者のこけの一念から出発する）、ドーム（保存と解体の論争）、記念式典（お祭り？　祈りだけ？）、それぞれがその時折の状況のなかで対立意見を生み、圧力や騒ぎを呼び、ジグザグの進行を経て現にあるスタイルとなっているのである。

「過ちは繰り返しませぬから」という原爆慰霊碑（広島平和都市記念碑）碑文をめぐっての論議（主語は誰？　誰が過ちを犯した？）はよく知られているが、リフトンはさらに、被爆者が無意識的「罪の意識」ゆえに、生き残ったことを「過ち」と自身思い、自分らへの非難が公的に後世にまで残ると考えることに、本当の厄介さがあるという。「自分たちが生き残った『過ち』こそ、原爆であれほどの死者が出た原因なのだという思い込み」――今から思えば絶句したいほどの、度しがたい認識錯誤。だが当時にはこのような倒錯的な病的心理にこそリアリティがあったわけか。あらためて碑文に戻れば、すでにもう繰り返し繰り返し過ちを続けている現在ではないかとすら思われる。

中澤正夫『ヒバクシャの心の傷を追って』はリフトンを越える研究への取組みの一里塚として、リフトンの業績を被爆者の「心の被爆研究」史に位置づけ被爆者の現在を啓蒙する快著である。被爆者問題は依然、心うずく課題である。それは悲観ではなく、「恢復」や「抵抗」をうながしもする、新たな精神的提起として現われているように思う。

被爆者と核の問題について、なお知るべき論ずべき事態がじつに日々、生起している。現代史たるゆえんだ。セミパラチンスク、内部被曝、原子力発電、NPT（核拡散防止条約）、核保有国（米・露・中・仏・英とインド・パキスタン・イスラエル・北朝鮮）、米印原子力協力協定、そしてフクシマ原発。一九四五年八月には予想できなかった、地球規模の課題の山積にどう対処するか。一方で、静かで健康な生活、シンプルに知的で楽しく豊かな文化的生活を僕らは望んでもいるが、列挙した現代の反核課題からも逃げられない。歴史に学んで創造的な対応をしなければならない。

リフトン本の③被爆者はどう作品表現されたか、「創造的対応」と名づけたリフトン本の旧版第一〇、一一章に入る。リフトンによる「原爆芸術」作品評でもあるこの二章分は残念ながら〇九年岩波版『ヒロシマを生き抜く』では割愛されている。原著『DEATH IN LIFE』刊行の一九六七年までの作品に限られるのは当然だが、多ジャンルにわたる総合性と先駆性がある。といっても詩は峠三吉、米田栄作、音楽は大木正夫、ペンデレッキ《原爆許すまじ》、美術は丸木位里、赤松俊子《原爆の図》ぐらい。文学は井伏鱒二『黒い雨』を別格（付録として収録されていた）に阿川弘之『魔の遺産』、竹西寛子『儀式』、井上光晴『地の群れ』、堀田善衛『審判』、いいだもも『アメリカの英雄』、そして大田洋子『屍の街』、梶山季之『実験都市』、小久保均『火の踊り』らである。

そして映画。五本挙がる。亀井文夫『世界は恐怖する』、木村荘十二『千羽鶴』、新藤兼人『原爆の子』、黒沢明『生きものの記録』、アラン・レネ『二十四時間の情事（ヒロシマ・モナムール）』。

核をめぐる「創作的対応」はもっと活発化してよい。

Ⅶ　広島周辺をたずねる

〈執筆〉是恒　高志
澤野　重男
山内　正之
吉岡　光則

左上／呉のてつのくじら館、右上／宮島に残る砲台跡、左下／大久野島の毒ガス工場の発電場跡、右下／岩国の米軍基地ゲート

今も昔も海軍のまち・呉

是《これ》恒《つね》 高志

✻のどかな農漁村から軍都へ

広島駅からＪＲ呉線で四〇分、主要な幹線（山陽新幹線や山陽自動車道）からはずれた不便なところに、呉市は位置している。佐世保や舞鶴、横須賀と同じで、この「不便さ」が、機密保持や防備の上から、軍港に適した条件であった。

もともとは、のどかな瀬戸内の農漁村だった呉浦が一変したのは、一八八九年に、横須賀に次いで海軍鎮守府（海軍基地）が開かれてからである。以後、「帝国海軍第一ノ兵器製造所」をめざすという明治政府の方針のもと、軍艦や大砲を製造する海軍工廠が建設され、対岸の江田島には海軍兵学校が開かれ、呉浦一帯は帝国海軍の一大拠点につくりかえられた。

そして日清（一八九四—九五年）日露（一九〇四—〇五年）の戦争、上海事変（一九三二年）、日中戦争からアジア・太平洋戦争にかけて、呉は海外出兵の最前線基地であり、侵略戦争のための重要拠点として発展した。

そして海軍の拠点であるがために、激しい空襲にさらされた。まず一九四五年三月一九日、海軍の艦艇への攻撃で始まり、五月五日と六月二二日には、海軍工廠が攻撃された。この時、工廠が破壊されるとともに、勤労動員の中学生や女学生の中からも多くの犠牲者がでた。

さらに七月一日には、市街地への夜間の無差別空襲で二千人近くの市民が犠牲になった。そして七月二四日から二八日のいわゆる「呉沖海戦」で、帝国海軍の七〇隻あまりの艦艇が攻撃を受けた。そのほとんどは燃料不足と、呉湾への米軍の機雷投下で動くことができず、機銃掃射で応戦するだけでほとんどが破壊されて、ここに帝国海軍は壊滅した。

戦前の呉鎮守府。現在は海上自衛隊呉地方総監部の建物。

戦後、海軍の一部は解体されず、そのまま機雷掃海作業に従事した。一方、一九五〇年、呉港を開港し旧海軍施設を平和目的に転用するために、住民投票によって「旧軍港市転換法」を成立させて、平和産業港湾都市としての道を歩み出した。しかし同じ年に始まった朝鮮戦争で再軍備の道を歩み出し、一九五四年に海上自衛隊呉地方隊と呉地方総監部が、再び呉の地に開かれた。

さらに日米安全保障条約のもと米軍秋月弾薬庫司令部が置かれ、広（呉市）、秋月（江田島市）、川上（東広島市）の三弾薬庫は極東最大の規模にまで拡張された。一九九一年の湾

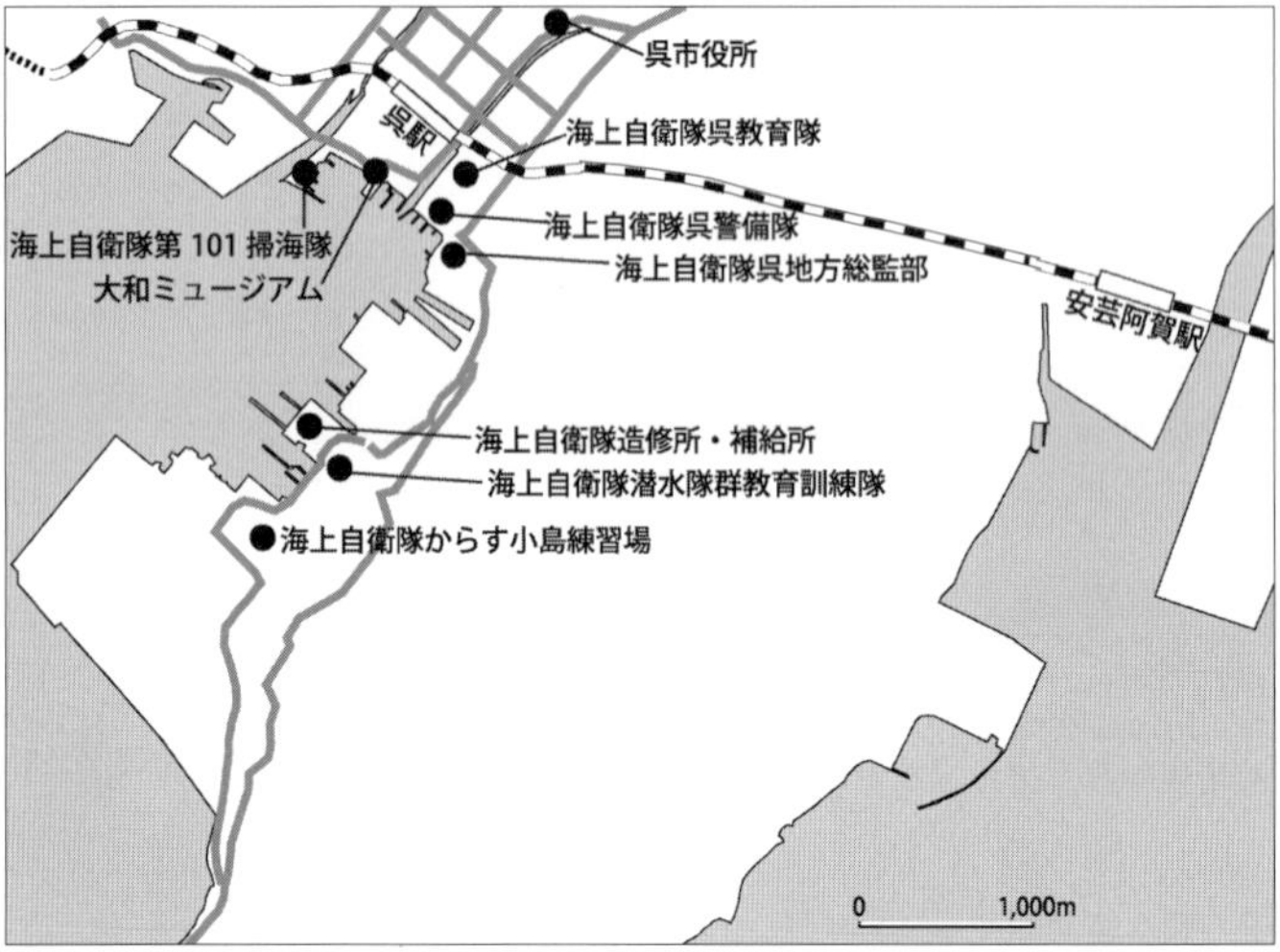

①長迫公園（旧海軍墓地） ②空襲の被害に遭った墓 ③寺西児童公園（呉戦災犠牲者供養塔・供養菩薩像） ④和庄児童公園（呉空襲犠牲者供養地蔵） ⑤二河公園（旧海軍射撃場跡・殉職者招魂碑） ⑥鯛の宮神社（第６潜水艇殉難記念碑） ⑦海上保安大学校（旧海軍潜水学校・旧呉海軍工廠火工部） ⑧呉市立吉浦中学校（動員学徒の碑） ⑨海上自衛隊呉教育隊（旧呉海軍園） ⑩呉市民広場（旧呉海軍練兵場） ⑪呉市入船山記念館（旧鎮守府長官官舎） ⑫国立呉病院（旧呉海軍病院） ⑬呉市水道局宮原浄水場（旧呉鎮守府水道） ⑭海上自衛隊地方総監部（旧呉鎮守府） ⑮歴史の見える丘（戦艦「大和」記念塔・呉海軍工廠記念塔・ドック記念） ⑯アレイからすこじま（旧呉海軍工廠本部前）	⑰呉貿倉庫（旧工廠電気部） ⑱ダイクレ呉第２工場（旧海軍工廠砲熕部精密兵器工場） ⑲淀川製鋼所呉工場（旧呉海軍工廠砲熕部・水雷部部） ⑳パブコック日立第2工場（旧呉海軍工廠砲熕部） ㉑日新製鋼呉製鉄所（旧海軍工廠製鋼部） ㉒串山公園（工神社跡・旧防災監視所跡） ㉓殉国の碑 ㉔高烏台（高烏要塞跡） ㉕日新総合建材・工機（旧呉海軍潜航基地）（人間魚雷「回天」発射台） ㉖嗚呼、特殊潜水艇の碑 ㉗在日米軍秋月弾薬庫（旧海軍工廠軍需部秋月弾薬庫） ㉘江田島公園（殉職者慰霊碑・戦没者留魂碑） ㉙海上自衛隊第一術科学校（旧海軍兵学校） ㉚呉市海事歴史科学館(大和ミュージアム) ㉛てつのくじら館

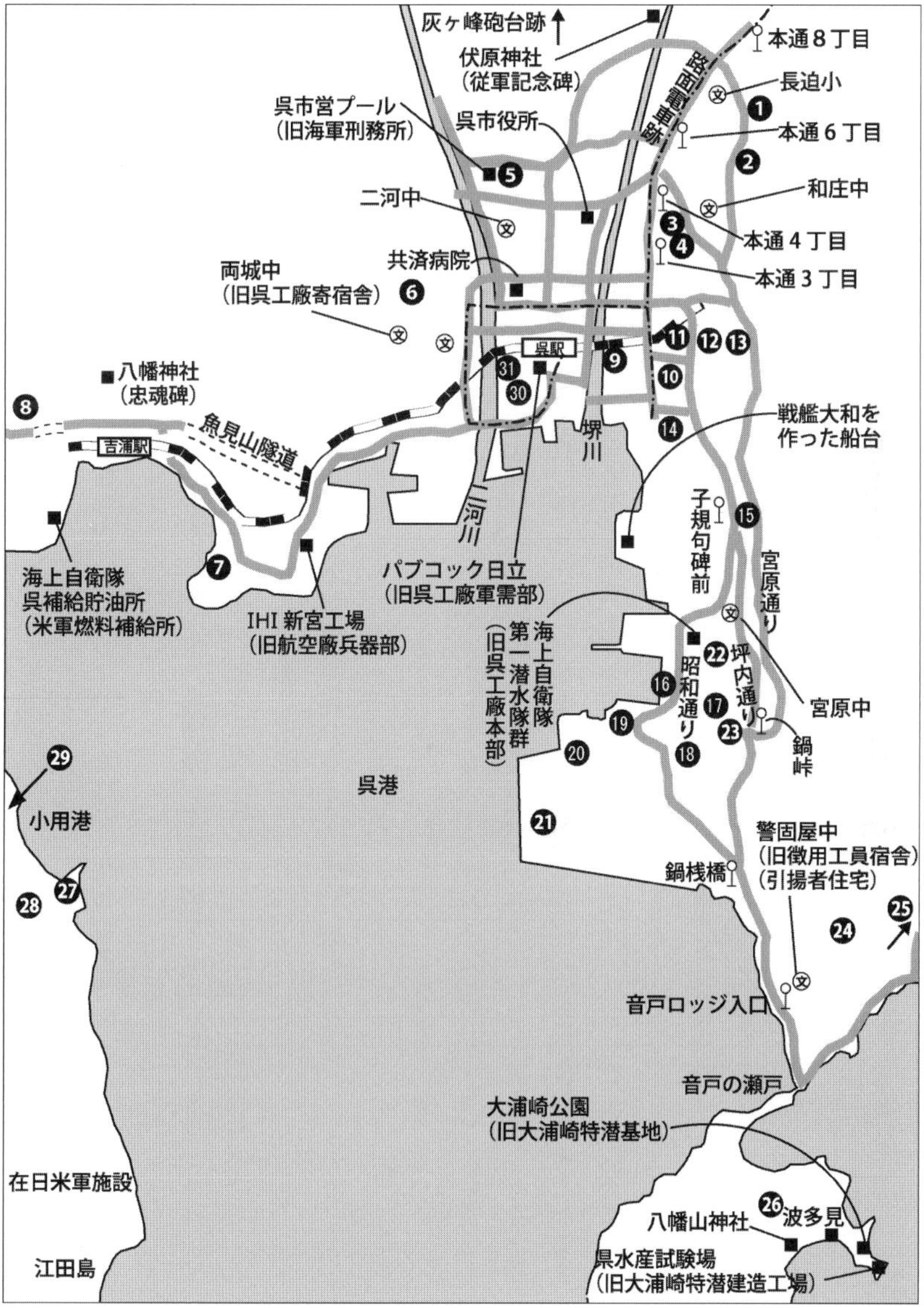
灰ヶ峰砲台跡
伏原神社
（従軍記念碑）
本通8丁目
路面電車跡
長迫小
本通6丁目
呉市営プール
（旧海軍刑務所）
呉市役所
和庄中
二河中
本通4丁目
本通3丁目
共済病院
両城中
（旧呉工廠寄宿舎）
呉駅
八幡神社
（忠魂碑）
魚見山隧道
吉浦駅
堺川
戦艦大和を
作った船台
子規句碑前
宮原通り
二河川
海上自衛隊
呉補給貯油所
（米軍燃料補給所）
IHI 新宮工場
（旧航空廠兵器部）
パブコック日立
（旧呉工廠軍需部）
海上自衛隊
第一潜水隊群
（旧呉工廠本部）
昭和通り
坪内通り
宮原中
鍋峠
呉港
小用港
警固屋中
（旧徴用工員宿舎）
（引揚者住宅）
鍋桟橋
音戸ロッジ入口
音戸の瀬戸
大浦崎公園
（旧大浦崎特潜基地）
在日米軍施設
波多見
八幡山神社
県水産試験場
（旧大浦崎特潜建造工場）
江田島

岸戦争時には、弾薬が広島から佐世保までトレーラーで、そこから米軍艦船でペルシャ湾に輸送された。

湾岸戦争後は、ペルシャ湾の機雷除去のために呉の掃海艇が出動、戦後はじめて自衛隊が海外に派遣された。以後、「国際貢献」の名の下に自衛隊の海外派遣が続き、二〇〇八年の海賊対処法で「武力行使」もできるという想定で、護衛艦がソマリア沖に出動した。

今また呉は、海外派兵の最前線基地としての歴史を繰り返そうとしている。

❖大和と旧海軍で呉の街おこし

二〇〇五年に呉市海事歴史科学館、通称大和ミュージアム（172頁地図㉚）がオープンした。そして映画「男たちの大和」による大和ブームにものり、入館者は四〇万人の目標を大きく上回り、開館一年で一七〇万人を超えた。それ以降も休日には他県ナンバーの車が押し寄せ、世界遺産である宮島や原爆ドームとならぶ観光施設となり、開館五年を経た二〇一〇年には、入館者が六〇〇万人に達した。

呉市は「海色の歴史回廊くれ」をキャッチフレーズに、観光や街の活性化の起爆剤として大いに活用。旅行業者も原爆ドームと大和ミュージアムを見学コースに入れた旅行プランを売りに出している。また地元の業者も、「海軍ビール」「海軍カレー」に「海軍さんのコーヒー」「清酒大和」「大和せんべい」「東郷元帥が考案した肉ジャガ発祥の地」など、海軍や大和に関連した新商品を開発、各種イベントを催したりと、大和と海軍で街おこしを図っている。

❇愛国と殉国が「平和の尊さ」

大和ミュージアム内の零戦

大和ミュージアムの第一のコンセプトは、「大和をつくった世界一の技術が戦後日本の産業を支えた」ということ。まず長さ二六・四メートルの戦艦大和の一〇分の一の模型が目に入る。そして球状船首（バルバスバウ）、光学機器の発展の礎となった一五メートル測距儀、ほかにも製鋼技術や生産管理システムなど、「世界一の技術」の解説がつづく。

しかし一見中立的な「技術」の強調が、いつ、何のために造られたかという大和の本質を隠しているようだ。

第二のコンセプトは「平和の尊さ」だが、これは一九四五年の大和の沖縄出撃で三三〇〇人の乗組員中三千人が犠牲になったことと、証言ビデオのコーナーで呉空襲のことが語られている程度。

別のコーナーでは、零式艦上戦闘機や特攻兵器の回天、特殊潜航艇海龍の実物展示がある。そこでは回天乗組員の声の遺言を聞くことができる。「平和の尊さ」といいながら、「愛国」と「殉国」の精神が称賛されている。

呉海軍基地にある戦艦大和戦死者の碑。

大和ミュージアムの建設を進めた前呉市長小笠原臣也氏は、「進歩のない者は決して勝たない。……敗れて目覚める。それ以外にどうして日本が救われるか」吉田満著『戦艦大和ノ最期』（講談社、一九八一年）という若手将校の言葉を引用して、「よりよい新生日本が生まれることを希求し、そのさきがけとして命を捧げようというこの若い人達の必死の思いに、我々戦後を生きてきた日本人は応えているだろうか」と問いかけている。そして「社会も国家もかつて日本が誇っていた他者への思いやり、秩序や品格を失っているのではないかと思うと、慚愧の念がこみ上げてくる」と述べて、今日の国家と社会のあり様の見直しを迫る。

しかし歴史を顧みれば、大和の建造は、日中戦争の開始まもない一九三七年一一月に密かに始まっている。このことは何を意味するのか。日中戦争という「思いやりのない」侵略戦争が、やがてアメリカとの戦争を不可避にするという想定のもと、アメリカの戦争準備が整わないうちに超巨大戦艦をつくってしまえという、それこそ「品格」のない発想ではなかったのか。

ここでは「……政府の行為によって再び戦争の惨禍が繰り返されることがないように決意し、ここに主権が国民に存することを宣言してこの憲法を確定する」という、憲法が示している平和主義の原則を見つけることはできない。

❇語り伝えたい反戦水兵のこと

日本は一九三一年の満州事変、そして翌一九三二年一月には上海事変も引き起こし、中国侵略に踏み出した。呉からは戦艦伊勢、日向をはじめ、多くの艦艇と海兵団が出動していった。

阪口喜一郎のポートレイト

「乱暴な支那（中国）を正義の皇軍（日本軍）が懲らしめる」と政府や官庁、学校、各種団体が宣伝し、新聞が戦争熱をあおった。やがて、戦死者の遺骨や手や足を失った兵士が帰還する中、戦争の真実を知らせ、反戦をよびかけるための新聞「聳《そび》ゆるマスト」が三二年二月に創刊された。発行したのは、「赤化思想」、つまり共産主義思想を「信奉」しているということで海軍を追放された阪口喜一郎と現役の水兵たちだった。

彼らは「戦争で死んだり傷ついたりして働けない体になるのは、実につまらないことだ」「そうなったら、年老いた親をだれが面倒見てくれるのか」と問いかけた。そして、「そもそもこの戦争は誰のための、何のための戦争なのか」「乱暴なのは侵略する日本帝国なのか、それともそれと戦う中国なのか」と、戦争そのものへの疑問を投げかけ、「労働者、農民、兵士は団結して戦争をやめさせよう」と呼びかけた。この新聞は水兵の手から手に渡り、「乾いた土に水がしみ込むように」読まれていった。その数一〇〇部、これは呉軍港内の一万人の水兵の一％にあたる。

しかし侵略戦争をすすめる国家にとって、国民が真実に目覚めることくらい邪魔なものはない。政府は治安維持法によって、逮捕状なしの「行政検束」で片っ端から捕らえ、拷問によって仲間の名前を白状させ、イモづる式に検挙し、反戦運動を壊滅させた。そして「聳ゆるマスト」の発行は、一〇月の六号で最後となった。

その後の阪口喜一郎は、拷問に屈せず裁判を受けることができないまま、一九三三年一二月に広島刑務所で看守に殴り殺された。また、「非国民」「アカ」「国賊」というレッテルを貼られた多くの人々は、故郷に帰ることを拒まれたり、姓を変えて生きていかざるを得なかった。そして自らの反戦活動について口をつぐんだ。

その中に島根県美濃郡美濃村（現津和野町）出身の「聳ゆるマスト」三代目発行責任者の木村荘重《むらしげ》がいる。彼は戦後初の選挙で木部村（当時島根県鹿足《かのあし》郡）村長に選ばれた。共産党員村長第一号である。しかし任期途中、朝鮮戦争反対の演説でアメリカ占領軍によって軍事裁判にかけられ、村長の職を追われた。木部の人々は今でも「荘重さん、荘重さん」と村長時代の木村を慕っているという。

また、広島県大崎上島中野村出身の二代目発行責任者の平原甚松《じんまつ》は、木村に呼ばれて農民組合の書記長となり、村長選挙で活躍した。その後も地元の鉱毒反対運動に献身、人々に惜しまれながら一生を終えた。

潜水艦と護衛艦が並ぶ呉の海上自衛隊

このように戦争と闘った人々が、戦後も平和と人権のために活動していった例がある。この事実は、呉市の有志による阪口喜一郎顕彰の碑を建設しようという運動によって知ることができた。しかし、いまだ顕彰碑は完成していない。

❇てつのくじら館

大和ミュージアムと道一つ隔てて、海上自衛隊史料館が隣接している。そこには退役潜水艦が陸上展示されている。防衛庁と呉市が決めた愛称は「てつのくじら館」（１７２頁地図㉛）だ。展示内容は、「潜水艦の発展と現況」や「掃海艇の活躍」など、海上自衛隊のＰＲ施設となっている。

さらに大和ミュージアムと「てつのくじら館」がセットになり、

対岸の江田島の海上自衛隊第一術科学校（172頁地図㉙・旧海軍兵学校）内にある教育参考館と連携して、「この地域全体が国の安全と平和を深く考察する場所に」（前小笠原市長）という思惑がある。「てつのくじら」と呼んでも兵器であることの本質は隠せない。「大和で平和の尊さ」という発想と、兵器が市の真ん中にデンと据わる異様さには、違和感がある。

その違和感とは、「誰のための、何のための戦争か」と問いかけて戦争に反対した人々には一切の考慮を払わず、「仕方のなかった戦争」に殉死した人々を称えるという歴史観をめぐる違和感だろう。日本国憲法の平和主義の原則を、この地でどのように打ち立てていけるか、大きな課題が横たわっている。

世界遺産の島・宮島と大野浦

澤野　重男

厳島神社の朱塗りの大鳥居

安芸の宮島（厳島《いつくしま》）は、天橋立（京都）、松島（宮城）とともに「日本三景」に数えられ、古くから神の宿る島として崇敬されてきた。原始林におおわれた島そのものが、信仰の対象とされてきたのである。

厳島神社は、推古元年（西暦五九三年）の創建で、航海保護の神として信仰されてきた。一二世紀半ばに平清盛が安芸守になってからは、平家一門の往来が激しくなった。現在の社殿は、一一六八年に平清盛が造営したもの。弥山《みせん》を中心にした山容を背景とし、瀬戸内海を敷地とする厳島神社は、朱塗りの大鳥居、本殿、幣殿、拝殿、祓殿《はらいでん》、さらに舞楽を演じる高舞台、平舞台などが配置され、これらを東西約三〇〇メートルの回廊が結び、たぐいまれな造形美をなしている。平安

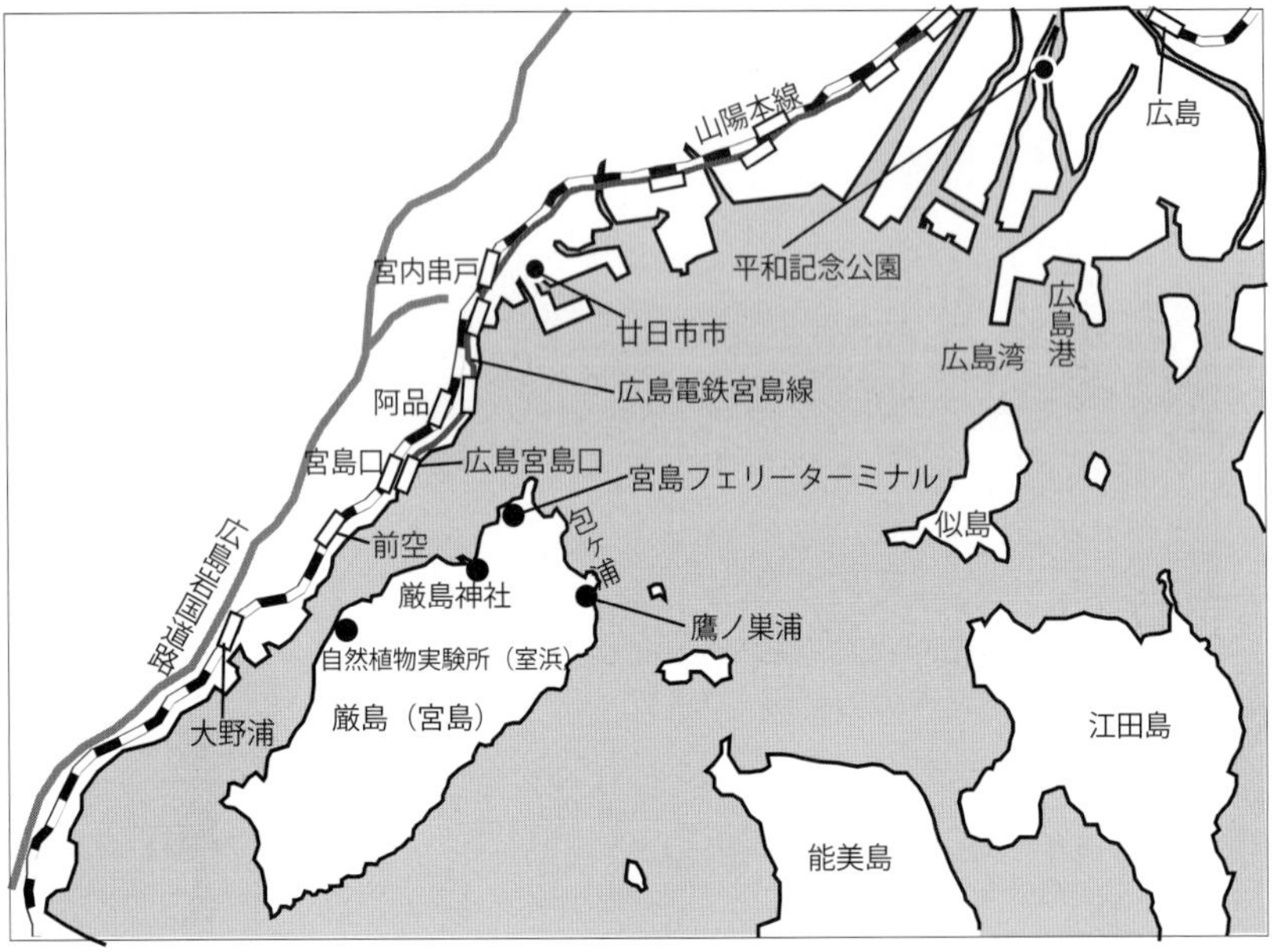

宮島地図

時代の寝殿造りの代表的建築物である。

戦国時代に入って社勢は衰退したが、毛利元就《もとなり》が一五五五年の厳島の戦いで勝利したのち、大がかりな社殿修復を行ったので、再び社運は上昇した。豊臣秀吉も九州遠征の途次、厳島神社を参拝し、安国寺《あんこくじ》恵《え》瓊《けい》に命じて大経堂（千畳閣）を建立させた。江戸時代には宮島歌舞伎や宮島遊郭が発生し、賑わいは明治時代に及んだ。宮島は日本を代表する観光地として、現代も多くの参拝客や観光客を集めている。

厳島神社の本社本殿、幣殿、拝殿などが国宝。大鳥居、五重塔、多宝塔などが重要文化財に指定されている。一九九六年、厳島神社はユネスコの「世界遺産」に登録された。

※「町屋通り」を歩く

島内には個性的な小路が多い。宮島最古の参道である「山辺《やまべ》の古径《こみち》」、厳島神社の神職たちの住む「滝小路《たきのこうじ》」、江戸時代のメインストリートである「町屋《まちや》通り」、そして現在のメインストリート「表参道《おもてさんどう》」など。そぞろ歩きは、じつに楽しい。このうち、観光客で賑わう表参道商店街の一本奥にあるのが、町屋通りである。一九九〇年代に、この通りがにわかに脚光をあび、人気を集めるようになったのは、「昭和レトロ」や「江戸情緒」など、地元町民の街づくりの成果である。

町屋通りと五重の塔

町屋通りの魅力の第一は、生活道路として使われていた昭和三〇年代ごろの面影を残す商店街で、「昭和レトロ」の魚屋や散髪屋、衣料品店や文具店などが、現役でがんばっている。第二は、江戸時代の建築様式を残す古民家を再生した情緒あふれる町のたたずまい。白壁や土壁、格子戸のホテルやカフェ、酒屋やギャラリーなどが、静かな町並みに溶け込んでいる。

通りの向こうには、紅い五重塔が見え隠れする。実は五重塔は町屋通りから見るのが一番美しいという声もあるくらいで、一見の価値はある。

さて桟橋側からトンネルを抜けると、要害山の下に出る。これを右に見て、町屋通りへ入ったところに「存光寺」があ

被爆した丸山定夫が亡くなった存光寺。

る。ここが、被爆した名優・丸山定夫の最期の場所である。

宮島町は、爆心地から西南に約一六・七キロ離れているが、原爆はこの島とも無縁ではなかった。

❇原爆と宮島

広島市発行の『広島原爆戦災誌』などによると、宮島の被爆時の状況は、次のとおりである。

八月六日の朝、炸裂の閃光と衝撃音があり、町民は島内の包ヶ浦にあった広島兵器補給廠分廠が爆撃されたと思った。爆風により窓ガラスが割れたり、屋根瓦が壊れたりした。宮島東北岸部の包ヶ浦付近から広島市上空に高く立ち昇ったキノコ雲が望見された。広島市内の建物疎開作業への町民の出動はなかったが、学徒動員で出動して被爆した者があった（動員学徒の死亡者数は四六名に及んだ）。

六日の午後四時ごろ、己斐《こい》方面から徒歩で宮島口にたどり着いた罹災者が、漁船でぼつぼつと島へ渡ってきた。七日からは、佐伯郡廿日市《はつかいち》駅から電車を利用して宮島口へ来た罹災者が、船に乗って渡ってきた。八日、似島《にのしま》から船で二回にわたって約三五〇人が到着、町内の寺院に収容した。収容状況は大願寺、大聖寺、光明寺、存光寺、徳寿寺、宝寿寺、真光寺の七カ寺に各五〇名ずつであった。

このうち三三五名が死亡したので、遺体を対岸の佐伯郡大野町赤崎で埋火葬した。八月末日に収容所を閉鎖後、生存者は広島市へ送り、死亡者の遺骨で引取人のないものは、広島市へ渡した。

※宮島と戦争遺跡

ところで唐突だが、高校野球の名門・広島県立広島商業高校の校歌に「厳島」が歌われているのをご存知だろうか。校歌一番の歌詞は、「ああ麗しき厳島／潮に立てる大鳥居／藻汐《もしお》に薫る江波の海／舟船集う宇品の津／今古の俯仰いき昂し／ああ広商の我が友よ」というものである。

「厳島」はやはり広島の代名詞格の地名だから、冒頭に来る。次に、広商に近い場所にある地名の「江波」と「宇品《うじな》」が来る。だが、現在歌われているこの校歌は、戦後になって一部が改変されたもので、一九一四（大正三）年に制定された校歌は、「藻汐に薫る江波の海」ではなく、「艨艟《もうどう》群るくれの海」と歌っていたのである。「艨艟」とは軍艦のことだから、戦後の「平和日本」にはいかにも不都合だというので、歌詞が変えられたのである。

戦前、軍艦が群れて停泊する呉には海軍鎮守府や海軍工廠などがあった。江田島の海軍兵学校も近い。小さな舟や大きな船が集まる宇品港は「軍都広島」の海の玄関口であり、大陸進出や南方への拠点となった「軍港宇品」であった。宮島（厳島）は、「神の島」として「神国日本」の精神的な支柱であるばかりか、呉や広島の防衛上も、地理的に重要な位置を占めていた。宮島の西側の大野瀬戸に面する室浜、東側の那紗美瀬戸に面する鷹ノ巣浦には、日露戦争前にロシア艦隊の侵攻にそなえてつくられた砲台の遺構が残る。

第二次世界大戦が終わるまで、宮島の島内各所に砲台や高射砲陣地や弾薬庫などが築かれ、その遺構がいまも「戦争の記憶」を留めている。

※原爆と大野浦

宮島の対岸の廿日市《はつかいち》市大野（旧大野町）は、広島市の西南にあり、爆心地からは約二〇キロの距離にある。『広島原爆戦災誌』によれば、「八月六日の状況」は、次のようになる。

原子爆弾の炸裂の時、大野町では異様な光線を感じ、続いて強烈な爆風を受けた。戸・障子が倒れ、ガラス窓が壊れた。窓ガラスの破損は三割程度かそれ以下だが、戸外で爆発に直面した人は、顔面が熱くなったように感じた。炸裂後、白い煙状の雲が高度三千メートルくらいで急速に波状に広がると見る間に、爆風を受けた。爆風が来て大野駅裏付近の家屋と工場が壊れたが、丸石の陸軍病院付近は壊れなかった。その後、広島市内から毎日負傷者が運ばれてきたので、医師、軍医と女子青年団員、婦人会員などが救護にあたったが、その惨状は筆舌に尽くしがたいもので、荼毘《だび》に付した遺体は約二五〇体と見られる。

敗戦後も、陸軍病院には多くの被爆者が収容されていた。九月一七日、そこを枕崎台風が襲った。被爆者は、原爆に重ねて、台風・水害・土石流の、二重の被害者になったのである。

※「京大原爆災害調査班」の遭難

廿日市市大野の宮浜温泉に、三角形の屛風を四枚広げたような形の「京大原爆災害調査班遭難記念碑」がある。一番大きな三角形は高さ七・二メートル、長さ二六メートルの巨大なモニュメントである。この記念碑は一九七〇年に建立されたもので、碑文には、京大関係殉職者一一名の名前が刻まれている。

京大遭難碑の巨大なモニュメント。戦争と原爆と台風が被害を大きくした。

なぜこの碑が建てられたのか。碑の傍らの由来記によると――敗戦後、中国軍管区司令部から原爆被爆者災害の調査と対策のための研究の要請を受けた京都大学は、医学部の教授陣を中心に、理学部物理学の専門の研究者を加えた研究調査班を組織して、広島に派遣した。九月三日から診療、研究を開始したが、九月一七日に枕崎台風が広島地方に襲来し、滞在先の大野陸軍病院が山津波に見舞われた。山津波が一瞬にして大野陸軍病院の中央部を壊滅させ、山陽本線を越えて海中に押し流した。このため、入院中の約一〇〇人の被爆者のほとんど全員と職員あわせて一五六名、さらに大学の調査班や付き添いの家族が犠牲となったのである。

記念碑の垂直的な力強い造形は、「大地から天に向けて舞い上がる人間の復活を象徴しており、京都大学関係者を含め、犠牲者の方々の追悼と恒久平和の祈りを表している」（由来板）。これは、台風・水害・土石流という自然災害への警鐘であると同時に、原爆・核被害という人的災害への二重の警鐘である。慰霊式は、五年に一度の式典のほか、例年九月一七日の直近の土曜日に、自由参拝の形式で行われている。

なお災害後、大野陸軍病院は閉鎖されたが、病院跡近くに建てられていた「水害死没者供養塔」が、七〇年代に特別養護老人ホーム・洗心園の一角に移設されており、そばに「観音像」と「説明碑」がある。

❇戦争・原爆・自然災害

広島地方を襲った超大型の「枕崎台風」をテーマにした小説が、柳田邦男の『空白の天気図』（新潮社、一九七五年）である。この小説のすぐれているのは、たんに「枕崎台風」の記述にとどまらず、「枕崎台風という角度から、原子爆弾の惨禍の深奥に迫っている」（小堺吉光・元広島市史編纂室室長）ところである。

敗戦後間もない日本を駆け抜けた枕崎台風。広島県下では上陸地の九州をはるかに上回る人命が一夜にして絶たれた。九州地方全体の犠牲者数が四四二人なのに、なぜ広島で二千余もの人命が奪われたのだろうか。この疑問が『空白の天気図』という作品を生んだ。

戦争のための木材の濫伐と松根掘りが、山崩れと土石流の原因となった。被爆によって情報が途絶した。「気象予報がなかった」ことが、災害の規模を大きくした。作者は、「あとがき」の中で、「原爆で焦土と化した広島を襲った情報途絶下の災害——それは人災などという陳腐な表現をはるかに超えた現代の事件であった。それは昭和二〇年九月一七日の事件であったが、核時代に生きるわれわれにとって、いつ何時同じ状況下に置かれるかもわからぬという意味で、まさしく現代の危機を象徴する事件であると思う。『九月一七日』を記録する意味はそこにある」と述べている。

二〇一一年三月一一日、東北・関東地方を襲った東日本大震災は、地震と津波、これに続く福島原発の「大事故」によって、「原発震災」になり、いっそうの混乱と悲惨を生み出した。核時代における自然災害と人災の複合作用が生み出す大災害。「八月六日」と「九月一七日」は、けっして「むかしばなし」ではない。

地図から消された毒ガスの島・大久野島

山内　正之

✻めずらしい毒ガス資料館

新幹線三原駅からJR呉線に乗り換えて約二三分、JR忠海駅で下車して徒歩七分のところに忠海港がある。忠海港から客船かフェリーに乗船すれば、大久野島《おおくのじま》には一二分で到着する。周囲四・三キロのこの島は、瀬戸内海国立公園のほぼ中央に位置し、現在、「休暇村大久野島」が置かれ観光地としてにぎわっている。兎《うさぎ》が多く生息していることから、「ウサギ島」とも呼ばれ、兎が好きな人にも人気の島である。

しかしこの大久野島は、かつて三度にわたって戦争に利用された、悲惨な歴史を持つ島でもある。その歴史を学ぶために、修学旅行生をはじめ、多くの学校や団体が平和学習に訪れている。

この島には、日本陸軍の大久野島毒ガス工場のことや、そこで働いた人たちの資料を展示した大久野島毒ガス資料館がある。資料館には毒ガス工場で使用された器具、毒ガス缶、防毒面、従業員の貴重な資料が展示されている。それほど広い資料館ではないし、展示物も決して多いとはいえないが、毒ガスに関して専門に展示した資料館は世界中でもめずらしい。その意味では、貴重な資料館である。

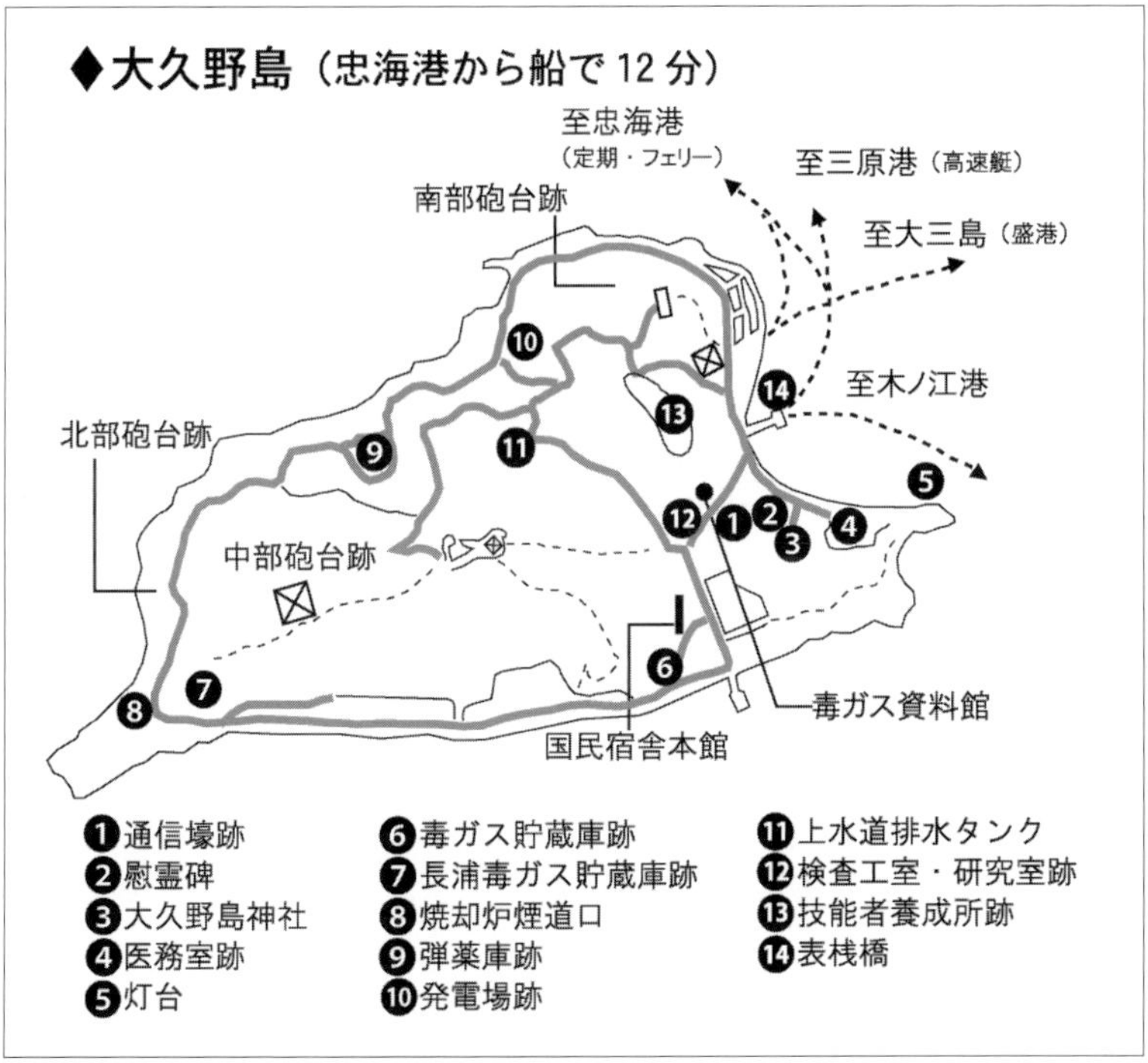

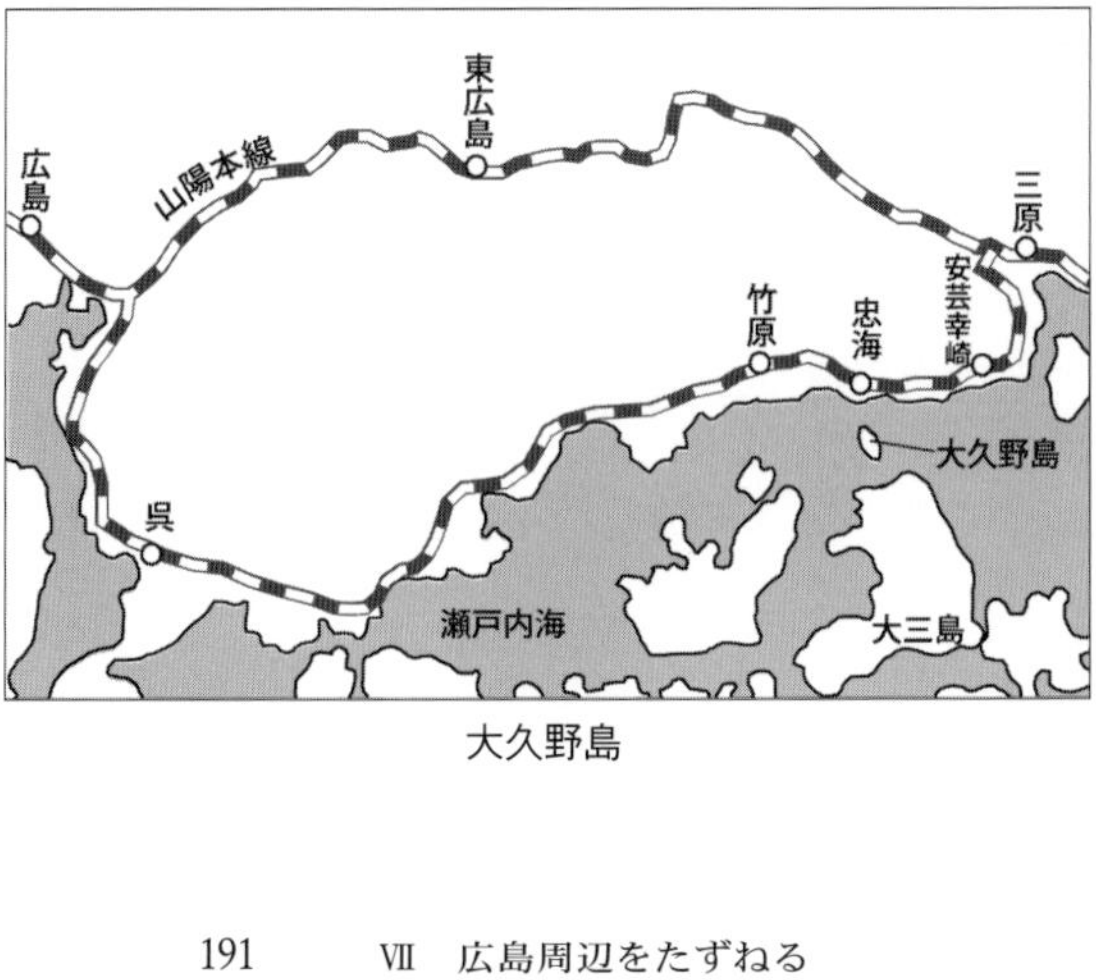

大久野島

日本が侵略戦争で行った毒ガスによる戦争加害の歴史や、毒ガス製造に従事した日本人の被害について学ぶことができる。また資料館には展示室に併設して視聴室があり、毒ガス工場体験

毒ガス工場時代の資料が展示されている毒ガス資料館

者の証言や大久野島の毒ガスの歴史をＤＶＤで視聴できるようになっている。

※芸予要塞としての大久野島

大久野島が最初に戦争に利用されたのは、明治時代である。一九〇二年、大久野島に芸予《げいよ》要塞が設置された。目的は、軍都広島と軍港、呉を守るためであった。広島は日清戦争の際に臨時の大本営が置かれ、たくさんの兵隊が宇品港から出兵した軍都であった。瀬戸内海に侵入してきた敵艦を沈めるために、瀬戸内海のあちこちに砲台が設置されたが、大久野島には二二門の大砲が置かれた。

二年後の一九〇四年に日露戦争が起こったが、敵は瀬戸内海に入って来ることはなかった。しかし大久野島に設置されていた二八センチ榴弾砲二門が旅順に運ばれ、ロシアの要塞や旅順港攻撃に使われた。その榴弾砲が置かれていた砲台跡（中部砲台）と兵舎跡が、大久野島の山頂に今でも遺跡として残されている。

その遺跡のすぐ近くには、瀬戸内海の海と多島美が三六〇度にわたって見渡せる展望台がある。島内のいたる場所に、芸予要塞時代の遺跡が残されている。島を一周する道路に沿って行けば、砲台跡

山頂にある明治時代の中部砲台跡。毒ガスの貯蔵庫としても利用された。

（北部砲台）と火薬庫跡、石の栈橋跡などを見ることできる。少し高台に上がると、探照灯が置かれていた照明所跡、大砲を扱う砲手に射撃方向の指示出しをしていた監視所跡なども見ることができる。

❇毒ガス工場がつくられた大久野島

大久野島が二度目に戦争に利用されたのは、一九二九（昭和四）年に大久野島毒ガス工場が完成、毒ガスの製造が始まった時からである。それから一五年間、この島で日本陸軍が毒ガスを製造し、戦争で使用したのである。

日本陸軍の毒ガス工場は、もともと現在の東京都の新宿にあった。より多くの毒ガスを製造するため、大久野島に毒ガス工場を建設した。大久野島が毒ガス工場の建設場所に選ばれた理由は、小さな島であり、毒ガス製造の秘密が守りやすい。また毒ガス製造の過程で事故が発生しても周りへの影響が少ない。さらには、本

❿発電場跡。ここで電力を生産し、毒ガス工場に供給していた。

土からあまり離れていないので、毒ガス工場で働く人が通勤しやすいなどのことを考えてとのことであった。

当時、国際条約で毒ガスの使用は禁止されていた。その毒ガスを製造するのだから秘密を守りやすい場所を選んだと考えられる。そして一九三三年ごろ、秘密を守るために、大久野島は日本地図からも消されたのである。

大久野島に毒ガス工場が建設される前は、島には何軒かの農家が住み着いて、稲作をして平和に暮らしていた。島内の山には松茸の生える松がたくさんあって、松茸も結構採れたという。しかし、毒ガス工場建設が決まると、全員島から強制的に移住させられた。

毒ガスの製造が始まると、やがて松は枯れ、松茸も採れなくなったという。周囲四・三キロの大久野島は島全体が毒ガス工場のようなもので、島内は毒ガス製造施設や、関連した建物が密集していた。毒ガス製造が行われていた時は、島全体が有害な大気で覆われた状態だったから、島で働いた人はもちろん、動植物まで有害な大気の被害を受けていたのである。

日本陸軍はこの島で、一九二九年から一九四四年まで一五年間にわたって毒ガスを製造した。製造された毒ガスはイペリット・ルイサイト・くしゃみ性ガス・青酸ガス・催涙ガスなどである。製造した毒液の量は、合わせて約六六一六トンにおよんでいる。ここでは毒ガスの液体を主として製造したが、一部、毒液を化学兵器に填実《てんじつ》する作業も行われていた。

❼100トンタンク６個が設置されていた長浦毒ガス貯蔵庫跡

❇秘密裏につくられた毒ガス兵器

大久野島の毒ガス工場で働いた人のほとんどは、毒ガスを製造する工場とは知らされないで入所している。化学兵器を造る工場とは聞いていても、「化学兵器」という意味が良く解らず入所した人、何の工場かまったく知らずに入所した人など、危険な毒ガスを製造するとは知らずに島に働きに行っていた。

大久野島で働いた人たちには、厳しく秘密の厳守が命ぜられていた。入所した後、毒ガス工場であることを知っても、自由に工場を辞めることはできないし、島で見聞したことは秘密にするよう厳命されていたので、毒ガスの恐怖を他言することは、一切できなかった。島内も向かいの忠海町も憲兵が常駐し、秘密を守るために警戒していた。

第二次世界大戦で日本は、国際条約で使用禁止だった毒ガスをこの大久野島で製造し、戦争で使用した。とくに中国で多く使用した。一九四二年に中国河北省北坦村を攻撃した時、日本軍は村民が隠れていた地下道に毒ガスを投げ込み、八〇〇人以上の村人を殺害している。日本軍はさまざまな作戦で毒ガスを使用し、中国の人たちに毒ガス被害を与えた。戦後の調査で、日本は中国で二千回以上毒ガスを使用し、八万人以上の中国人を毒ガスで殺傷したことがわかっている。

この日本の毒ガス使用は、終戦後、国際条約違反の戦争犯罪として公にされ、その責任を明確にしなければならなかった。しかし一九四六年の極東軍事裁判（東京裁判）では、アメリカの政策でこの日本の国際条約違反の戦争犯罪は、裁判にかけられなかった。そのため日本の毒ガスによる戦争加害の事実は、明らかにされないままになった。日本政府も戦後、毒ガス使用については公にせず、責任回避の態度を取り続けている。そのため日本人は、日本の行った毒ガスによる戦争加害の事実を知らない人が多い。

❇多くの毒ガス被害者が……

第二次世界大戦中、大久野島で製造された毒ガスは外国人を殺傷しただけでなく、日本人にも被害をもたらした。直接、毒ガス製造にかかわった工員はもちろんのこと、徴用工や女子挺身隊など、毒ガス兵器加工作業に従事した人たちも毒ガス被害を受けている。

一九四三年に学徒動員体制が確立してからは、中学生や高等女学校の生徒も動員され、危険な作業に従事させられた。中学生の男子は、毒ガスを扱っていた倉庫や工室の掃除や解体作業などをさせられ、高等女学校の女学生は毒ガス缶運びなどもさせられた。大久野島で働いた人たちは、たとえ毒ガス製造に直接携わっていなくても、毒ガス被害を受けたのである。

戦争中、大久野島で働いた人たちと、戦後、連合軍の指示のもと、大久野島で毒ガスの処理作業にあたった人たちを合わせると、大久野島の毒ガス関連作業には約七五〇〇人の日本人が従事しているが、そのほとんどが毒ガス被害を受けている。大久野島での作業に従事した人たちの毒ガス被害で、最も多いのが慢性気管支炎である。冬に風邪を引きやすく、風邪を引いたら咳が止まらなくなったり、喉に痰が詰まって呼吸困難になる。ひどい人は横になって寝ることもできない。

また、大久野島で働いた人は癌になる人が多い。研究の結果、イペリットなどの毒ガスは、癌を引き起こす原因にもなっていることが明らかになっている。生存している大久野島の毒ガス傷害者は、病院に通院しながら毒ガス後遺症の治療をしているが、自分がいつ癌を発症するかわからないという不安を持って生活している。

大久野島には、毒ガス工場の関連施設や毒ガス貯蔵庫跡が遺跡として残っている。当時、大久野島は島全体が工場地帯みたいなもので、島内のいたるところに毒ガス工場や関連施設があった。その一部が現在でも残されている。

毒ガス工場で使う電力を生産した発電場跡、毒ガスの研究をした研究室跡、兎を使った毒ガス実験を行った検査工室跡などの遺跡や、約一〇〇トン貯蔵できる毒ガスタンク六個が置かれていた、巨大な長浦毒ガス貯蔵庫跡などがある。いずれも迫力ある姿で、当時の非惨な毒ガスの歴史を伝えている。明治時代の芸予要塞時代の建物も、毒ガスの貯蔵所などに利用され、それらの遺跡や小さい遺跡を含めると、毒ガス工場時代の遺跡は三〇あまりある。

❇朝鮮戦争でも使われた大久野島

三度目に大久野島が戦争に利用されたのは、朝鮮戦争の時である。一九五一年、米軍は大久野島を接収、弾薬置き場として利用した。大久野島に置かれていた弾薬は、朝鮮に運ばれて戦争で使用されたのである。発電場跡の建物の壁とトンネルの入り口右側に「ＭＡＧ２」と黄色で描かれている文字は、米軍が描いたものである。日本語の意味は「火薬庫」である。

毒ガス工場時代、悲惨な毒ガス製造に協力させられて散々苦しめられた地域住民は、米軍の弾薬置き場として利用されることには反対した。悲惨な戦争への協力を繰り返したくないという思いが強かった。しかし、その願いは届かず、日米安保条約を理由に大久野島は米軍の弾薬置き場となった。一九五三年朝鮮戦争は停戦し、休戦条約が結ばれたが、すぐには大久野島は返還されず、その後も米軍の弾薬解体処理場として利用された。日本に返還されたのは一九五七年である。

中国では、現在でも日本軍が中国大陸に遺棄してきた毒ガスによって、被害者が出ている。二〇〇三年、中国の黒竜江省チチハル市で遺棄毒ガスよって四四人が被害を受け、うち一人が死亡した事件は良く知られている。第二次世界大戦後、平和になった中国において、日本軍が遺棄してきた毒ガスによる中国人の被害者は二千人を上回る。現在でも中国で被害を与えている日本軍の遺棄毒ガスは、ほとんどが大久野島の毒ガス工場で生産されたものと考えられる。戦争が終わって六〇年以上経っても、大久野島で製造された毒ガスが中国で被害者を出しているのである。

今は観光地になった大久野島。毒ガス工場設置の際に、住民が全員島外に移住させられて以来、住民はいない。しかし生々しく残る戦争遺跡は、平和学習の場として注目されるようになっている。

❇加害と被害の学習を

大久野島は被爆地・広島から約七〇キロのところにある。同じ広島県内にあり、それほど遠く離れていない。広島も大久野島も第二次世界大戦中、同じように無差別大量殺戮兵器による悲惨な歴史を体験した。違うのは広島は被害の体験であり、大久野島は加害の体験である。しかしながら、広島の原爆被害のことは知っているが、大久野島の毒ガスによる加害のことは知らない日本人が多い。

戦争は被害者になっても加害者になっても悲惨である。それを知るためにも被爆地、広島とともに大久野島も訪れて欲しい。戦争の悲惨さは被害・加害の両面から学ぶことが大切である。ぜひ大久野島を訪れ、毒ガスによる加害の歴史を学んでいただきたい。

広島・長崎の悲劇を二度と繰り返さないために、「反核平和」を訴えることが大切であることは言うまでもない。しかし同時に、日本が犯し続けている毒ガス加害の事実にも目を向けてこそ、反核平和の声を世界に浸透させていくことになるのではないだろうか。

米軍再編に揺れる岩国

吉岡　光則

※「基地のまち・岩国」の始まり

岩国市は山口県の東端・広島県に隣接する人口一四万七千人弱ほどの市で、日本三奇橋の一つ錦帯橋が有名だ。ＪＲ山陽本線広島駅から四一・四キロ、各駅停車で一時間弱の岩国駅が玄関口である。広島への通勤者や通学生も多く、経済的にも文化的にも広島圏内にあるといっても過言ではない。広島での原爆被害者も多く、二〇一〇年三月末の原爆手帳所有者数が一一五六名。これは人口の約〇・八％にあたる。

錦川が瀬戸内海に注ぐところに形成された広大なデルタ（地元ではこの地帯を通称川下と呼ぶ）に、アメリカ海兵隊の基地がある。

一六〇〇年ごろまでは現在の山陽本線のあたりが海岸線で、平地がほとんどなく、江戸時代を通しての過酷な労働による干拓事業で、川下のデルタが形成された。農業が営まれていたが、一九三八年四月、旧日本海軍が宅地一万三二〇〇平方メートルと耕地約一二一万七七〇〇平方メートルを買収して岩国飛行場の建設に着手し、ここから基地のまち岩国の歴史が始まった。

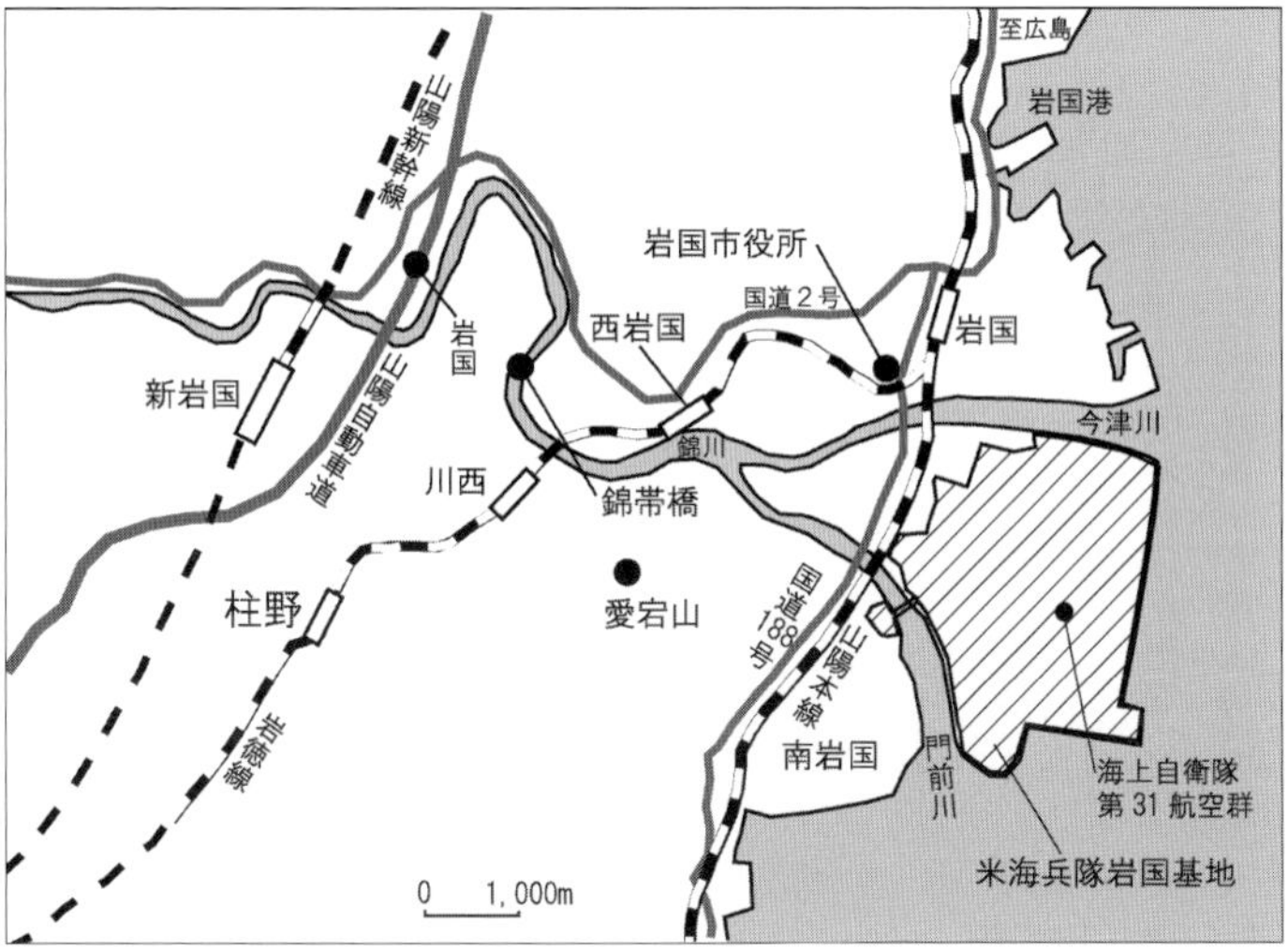

ある元地主の話では、海軍の将校が地主を集め、「国家非常時につき、天皇陛下がお前たちに預けておかれた土地をお返し申し上げろ」と命令し、一坪三五銭で買収していったという。

一九四〇年に岩国海軍飛行隊が発足し、主として教育隊、練習隊の基地として活用され、江田島海軍兵学校岩国分校や飛行機工場の第11航空廠なども置かれた。この間に基地は拡大され、終戦時には四五一万四四〇〇平方メートルになった。

終戦後、アメリカ海兵隊が進駐して接収し、一九四六年にはイギリス空軍やアメリカ空軍が進駐してきた。一九四八年、進駐軍は、旧日本軍時代には東西方向だった滑走路を南北方向に建設し直した。このとき大量の砂利を錦帯橋付近の川底から採取したことが、一九五〇年のキジア台風で錦帯橋が流失した一因だと指摘されている。

一九五一年九月、サンフランシスコ条約と旧日米安全保障条約が締結され、翌年四月二八日に両条約が発効するとイギリス軍が撤退し、アメリカ空軍の駐留基地となった。その後アメリカ海軍、アメリカ海兵隊第1航空団、アメリカ海軍第6艦隊航空大隊などが相次いで駐留した。また一九五六年まで鉄道引き込み線や地下弾薬庫などのために拡大され、陸上面積は約五七〇万平方メートルになり、沖合約二千ヘクタールも提供水域とされた。

一九六二年からアメリカ海兵隊岩国航空基地（MARINE CORPS AIR STATION IWAKUNI）として正式にアメリカ海兵隊の基地になり、今日に至る。なお提供水域内の姫子島《ひめこじま》（愛媛県今治市）は弾薬処理場にされており、さらに沖合の甲島にはヘリポートがある。周東町祖生には通信施設もある。

❇「殴り込み部隊」

岩国に駐留しているのは、沖縄に展開している第三海兵遠征軍を構成する第1海兵航空団の中の第12飛行大隊という戦闘攻撃機を中核とする部隊である。沖縄の各種陸上戦闘部隊の強襲揚陸作戦（海岸から攻め上がり味方の陣地を築く）を、空から支援（対地攻撃）するのが基本任務。また「有事」には核兵器（核爆弾）が持ち込まれ、攻撃機が搭載して出撃する核攻撃基地でもある。

朝鮮戦争、ベトナム戦争、湾岸戦争、イラク戦争はじめ、アメリカが世界各地で行ってきた戦争には、かならず岩国の部隊が出撃した。演習では、朝鮮半島、東南アジアはじめ、アラスカ、オーストラリアまで出かける。米軍人口は、軍人約二七四〇人・軍属約三一〇人・家族約二四二〇人、計五四七〇人（二〇〇八年現在）。

二〇一一年四月現在の所属機は、ＦＡ18ホーネット戦闘攻撃機三六機、ＡＶ８ＢハリアーⅡ攻撃機（垂直離着陸機）八機、ＥＡ６Ｂプラウラー電子戦機五機、ＣＨ53Ｄシースタリオン輸送ヘリコプター八機である。

ＡＶ８Ｂは通常、嘉手納《かでな》基地に展開しており、佐世保を母港とする強襲揚陸艦エセックスに搭載さ

岩国基地所属のFA18戦闘攻撃機

5月5日の「日米親善デー」ではこんなサービスも
(2008年5月5日)

れて遠征する。ＣＨ53Ｄは「対テロ戦争のため」にと二〇〇二年ハワイから移駐してきた強襲侵攻作戦用ヘリで、武装兵五五人を一度に運べる。通常は普天間基地に展開し、第36飛行大隊の指揮下で動く。

❇海上自衛隊も配備

一九五四年からは海上自衛隊が配置され、米軍との共同使用の基地となった。ソ連崩壊以前にはＰ3Ｃ対戦哨戒機などが配備されていたが、現在は情報収集、機雷掃海、救難などの任務を持つ航空機が配備されている。二〇〇八年現在の隊員数は一六八七人となっている。

ＭＨ53ＤおよびＭＣＨ１０１掃海ヘリコプターは、アメリカ軍の強襲揚陸作戦の「前駆掃海」を行うことが、一九九七年の「新ガイドライン」で義務づけられた。

❇基地の拡大強化――滑走路沖合移設事業

一九九七年から、岩国基地の沖合二一三ヘクタールを埋め立てて、滑走路を従来の位置から一キロ沖合に移設する、滑走路沖合移設事業が行われた。総事業費二五〇〇億円は「思いやり予算」が使われた。これによって、基地の陸上面積は約七九〇万平方メートル（以前の一・四倍）となり、新滑走路は二〇一〇年五月二九日から運用を開始した。

滑走路沖合移設事業の目的は、爆音や墜落事故の被害を軽減し、基地の円滑な運用を図ることであったが、この滑走路沖合移設が空母艦載機部隊などの岩国への移駐の理由にされることになった。

一九六八年、板付基地（当時）Ｆ4ファントムが九州大学構内に墜落。岩国基地にも同型機がいたことから、岩国市民の不安は高まり、「危険な基地はよそへ」との声が上がったが、それが「滑走路沖合移設要求」にすり替えられ、ソ連崩壊後のアメリカの軍事戦略の変化の中で具体化した。

「移設」とは現状をそのまま移すことだが、実際には「跡地返還」はなく、滑走路の拡幅（四五メートルから六〇メートルへ）、並行誘導路二本、格納庫、ヘリポート、弾薬庫、燃料タンク、水深一三メートルの岸壁などが整備され、拡張と同時に格段に機能強化された。

滑走路の拡幅によって戦闘攻撃機は二機同時の編隊離着陸が可能になり、並行誘導路も必要な時には滑走路として使う。水深一三メートルの岸壁は三万トン級の艦船の接岸を可能にした。また旧滑走路も三分の一ほど残すことにしており、ヘリや垂直離着陸機は使える。なお新滑走路にも旧滑走路と同様に、空母艦載機の夜間着艦訓練（ＮＬＰ）のために特殊なライトが埋め込まれている。

❇空母艦載機部隊等の移駐――「米軍再編」と岩国

二〇〇五年一〇月の「日米合意」と翌年五月に発表された「ロードマップ」に基づく在日米軍再編計画の中で、岩国基地に関する主な内容は次の通りである。
①厚木基地の空母艦載機のうち、ＦＡ18戦闘攻撃機四九機を含む五九機を岩国基地に移駐させる。

②普天間基地のＫＣ１３０空中給油機一二機を岩国基地に移駐させる。
③岩国基地の海上自衛隊のうち一七機を厚木基地に移転させる。
④岩国基地のＣＨ53Ｄ輸送ヘリ８機はグアムに移転させる。
⑤陸上着艦訓練（ＦＣＬＰ）は恒久的訓練基地を将来建設する。Ｅ２Ｃなど低騒音機の着艦訓練は岩国で実施する。
⑥艦載機のための訓練空域を岩国基地の周辺に設定する。
⑦岩国、嘉手納《かでな》、三沢の所属機の訓練を千歳・百里・小松・築城《ついき》・新田原《にゅうたばる》の自衛隊基地に分散する。

計画実施予定は二〇一四年。実施されれば岩国基地配備のアメリカ軍の航空機数は一二〇機となり、嘉手納基地をしのぐ極東最大の航空基地が、瀬戸内海国立公園の中に、しかも世界遺産・宮島のすぐそばに存在することになる。軍属や家族を含むアメリカ軍人口は一万人前後に膨れあがる。

艦載機部隊の岩国への移駐について、日米合意では「米空母および艦載機の長期にわたる前方展開の能力を確保するため」としている。つまり防衛省の住民への説明では、「厚木基地周辺は人口が密集しているので、基地の円滑な運用を確保するために岩国に移駐させる」ということである。一方アメリカ軍は、海軍の「艦隊即応計画」にもとづく海軍・海兵隊の統合（戦術航空統合）のためとしている。すなわち必要な時には航空母艦を一地点に集中的に投入する態勢をとるが、そのとき艦載機が不足せぬよう、海兵隊の戦闘攻撃機にも艦載機の任務を負わせるということだ。

この計画には当時の井原岩国市長をはじめ多くの市民が反対の声をあげ、二〇〇六年三月一二日に空母艦載機受け入れの是非を問う住民投票が行われた。有権者の五八・六八％が投票し、「受け入れ反対」が有効投票の八七・四二％（全投票資格者の五一・三％）だった。

住民投票の結果に基づいて艦載機の移駐に反対する井原市長と市民に対し、政府は前任の市長がSACO（沖縄に関する特別行動委員会）合意による普天間基地の空中給油機一二機の岩国基地への移駐を容認した見返りとして、二〇〇五年から交付していた市役所庁舎建設補助金（四九億円）の二〇〇七年度分（三五億円）を凍結した。その結果、岩国市の二〇〇七年度予算をめぐって、井原市長と艦載機受け入れ派が多数となった市議会の「抗争」が続き、井原市長は二〇〇七年末辞職。そして、翌〇八年二月の市長選挙で受け入れ派が擁立した福田氏が僅差で勝った。福田市長が米軍再編に対し「基本的に理解し協力する」と表明したことによって、政府は庁舎建設補助金の「凍結」を解除、「米軍再編交付金」も交付し始めた。

この間多くの市民は、庁舎建設募金や錦帯橋河原での一万人集会など、さまざまな抗議の運動を展開した。二〇〇九年三月、爆音で苦しめられてきた基地周辺住民四七六人（追加提訴を加えて六五四人）が、これまでの爆音被害に対する損害賠償、艦載機の岩国移駐差し止めなどを求めて民事訴訟（いわゆる爆音訴訟）も起こした。

❇新たな米軍基地としてねらわれた愛宕山

前述の「滑走路沖合移設事業」の埋め立て用土砂は、山口県住宅供給公社が新住宅市街地開発法を適用して「21世紀型多機能都市」を建設するというふれこみで、市街地の中心部にある愛宕山《あたごやま》を買収し、その土砂を国が買い取って調達した。しかし県住宅供給公社は、土砂の搬出が終了した二〇〇九年二月、「社会経済情勢の変化により住宅需要が見込めなくなった」として住宅開発事業を「廃止」。跡地（六〇ヘクタール）の処分については、一五ヘクタールは岩国市の「まちづくり」用地とし、四五ヘクタールは開発事業の「赤字」を埋めるためとして、防衛省に買い取りを求めた。

二〇〇九年秋、「米軍再編を見直す」と公約したはずの民主党連立政権は、二〇一〇年度予算に、「米軍再編関連施設用地」としての愛宕山開発跡地の取得費を計上し、スポーツ施設や米軍住宅の配置案を示した。

このような動きに対して、二〇〇八年夏以降、愛宕山麓の住民を中心に、艦載機移駐反対の市民団体が結集し、愛宕山の米軍基地化反対の運動を起こした。同時に愛宕山周辺住民が、山口県知事に沖合移設事業のための公有水面埋め立て承認の取り消しを求める訴訟や、愛宕山新住宅事業「廃止」の違法性を問う訴訟などを起こしている。

❇米軍の駐留を支える日本の財政負担

日本は、在日米軍の駐留経費を毎年六五〇〇億円程度（経費全体の七〇％以上）を負担している。日米地位協定では「基地の提供に必要な費用」は日本が負担し、「基地を維持するための費用」はアメリカ自身が負担することになっているが、ベトナム戦争で財政難に陥ったアメリカの要求に応えて、一九七〇年代末から「思いやり」と称して後者の費用も日本が負担するようになり、年々対象も額も増やしてきた。岩国基地関係の「思いやり予算」は、一九七九年から二〇〇八年までの累計で一一四〇億円（年平均三八億円）。加えて、滑走路沖合移設事業関係の経費も「思いやり予算」として支出している。

「思いやり予算」で建設された中層家族住宅。建築費は1世帯分5500 万円。

「米軍再編」の施設整備費などにも、第二の「思いやり予算」として日本全体で二兆円も負担する計画が進められており、岩国基地関係でも艦載機部隊等の移駐に備えた施設整備費などで、二〇一一年度でも二八〇億三六〇〇万円が計上されている。

❇基地と住民の生活

軍事基地は住民に日常的にさまざまな害を及ぼしている。以下その被害のいくつかを報告する。

①航空機の離発着・飛行訓練・戦闘訓練・着艦訓練・エンジンテストなどの爆音・騒音が、睡眠不足、疲労の加重、聴力の減

退、会話の中断、ラジオ・テレビの視聴困難、電話の中断、農耕・漁労の阻害、児童生徒の学習・学校教育活動への支障などをもたらしている。

②軍用機の事故。岩国市の統計によると、一九四八年から二〇〇八年の間に岩国基地周辺（山口県、広島県、愛媛県）で米軍機・自衛隊機あわせて九〇件の航空機事故（墜落・落下物など）が起きている。なお二〇〇四年八月一三日に沖縄国際大学に墜落したＣＨ53Ｄ強襲ヘリは岩国基地所属機である。

③米軍関係者の犯罪。一九七二年から二〇〇八年に米軍人などが起こした刑法犯は、殺人・強姦・放火など凶悪事件四三件を含めて八〇五件（岩国市統計）。日本人が被害者の殺人事件は、一九五〇年代から九〇年代前半までに、三年に一度の割合で発生。交通事故は一九七七年から二〇〇八年の間に、人身事故三九一件を含め二三三四件起きている。米軍関係者が日本国内で起こした犯罪の処理については「日米地位協定」に規定があるが、日本側に第一次裁判権がある「公務外」の犯罪でも約七六％が不起訴処分になっており、その裏に裁判権の行使についての「密約」が存在することが問題となっている。また、公務中か公務外の認定をめぐっても不当な日米合意があると指摘されている。最近、それらの問題を如実に示した二つの事件・事故が起きている。

❏二〇〇七年一〇月一四日未明、一九歳の日本人女性が広島市の歓楽街で、岩国基地の四人の米兵に集団強姦され、被害者が彼らの乗っていた車のナンバーを覚えていたので被疑者はすぐ特定さ

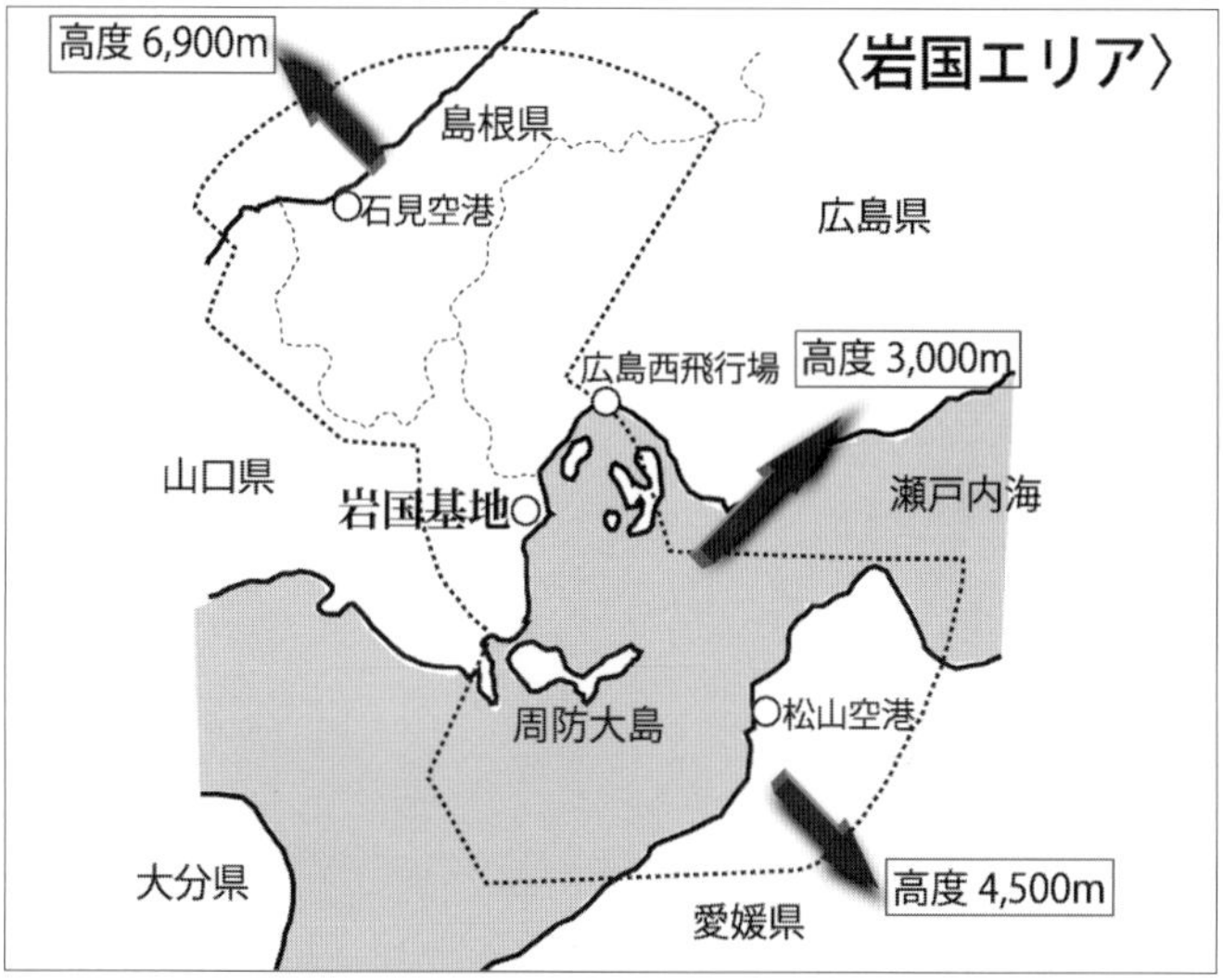

米軍が管制権を握っている「岩国エリア」。

れ、憲兵隊（軍警察）が基地内で四人を逮捕した。広島県警は四人を集団強姦・強盗などの疑いで送検したが、事件から約一カ月後、広島地検は理由を明らかにしないまま不起訴処分にした。日本側の第一次裁判権不行使を受け、米海兵隊当局が捜査し、予備審問を経て軍法会議にかけたが、強姦罪は適用せず、懲役一〜二年と不名誉除隊という軽い罰ですませた。

❏二〇一〇年九月七日早朝、愛宕山の麓・牛野谷町の県道で、地元の自治会長で「愛宕山を守る会」の世話人であった男性が、米軍属の女性が運転する車にはねられ亡くなった。日本の警察は加害者を「自動車運転過失致死容疑」で逮捕したが、米軍側が「通勤途上すなわち公務中の事故であるから、第一次裁判権は米軍側にある」と主張し、数時間後に釈放された。一〇月七日、山口地検岩国支部は理由を示さず不起訴処分にした。遺族は一〇月二九日に岩国検察審査会に不服申し立てを行ったが、同審査会は二〇一一年三月一四日、「心情的には、日本の法律で裁くことができない日米地位協定のあり方に納得できないが、米軍当局が第一次裁判権を行使すると通告しており、裁定を覆すに足る証拠がない」として「不起訴相当」と議決した。米軍の交通裁判は加害者に対し、「四カ月の運転禁止。ただし通勤を除く」という事実上の無罪放免といわざるを得ない判決を出している。

④中国山地での超低空飛行訓練。爆音被害や墜落事故への恐怖は岩国周辺のみならず、中・四国はじめ各地に被害を与えている。二〇一一年三月二日には岡山県津山市で、岩国基地所属の戦闘攻撃機による超低空飛行訓練で、民家の土蔵が倒壊する事件を起こした。

⑤空も米軍が支配。「岩国エリア」空域は、米軍が管制権を握っている。松山空港では、米軍の許可がなければ離発着できない。またこの付近を通過する民間機は「岩国エリア」を通過しないように規制されており、民間機の安全とサービスにとって大きな障害となっている。米軍再編の日米合意は、艦載機の移駐に伴って「岩国エリア」を調整するとしており、所属機数の増加を理由に、米軍がその拡大を要求してくることが十分予想される。

Ⅷ　「ヒロシマ」点描

〈執筆〉太田　武男

原爆投下後まもなく米軍が撮影（提供：平和博物館を創る会）

①「広島壊滅」の第一報

「広島市が全滅」——広島からの第一報は、それを受信した誰も恐らく理解できなかったのだろう。広島城にあった中国軍管区防空作戦室から最初に外部へこれを知らせたのは比治山高等女学校の動員生・岡（旧姓大倉）ヨシエさんとされる。室内に残った電話を回し続け、やっと繋がった福山連隊に「広島が全滅」と報告した。報道関係の記録にも「幻の第一報」という話がある。NHK出版発行の『ヒロシマはどう記録されたか』に同盟通信広島支社の中村敏記者が送った次のような報告がある。

「六日午前八時一六分ごろ、敵の大型機一機ないし二機、広島上空に飛来し、特殊爆弾を投下、広島市は全滅した。死者およそ一七万人の損害を受けた」。NHK原放送所から岡山放送局に電話で送られ、同盟通信岡山支社を経て同通信東京本社に届けられた。午前一一時半（二〇分や午後の説もごろだったという。ところが本社では、「冗談じゃないョ。一機や二機の敵機から、たかが一発や二発の爆弾を投下したからといって、広島市が無くなって、一七万人の人々が爆死したなんて、どうしても信じられない。」「数字のケタが二ケタちがっている」などと相手にされず、結局、大本営に報告しただけで握りつぶされた、というのである。

ジャーナリストにも「一機」「一七万人の死」「広島市全滅」の、三つの言葉を結びつけて状況を理解できなかった破壊力、それが原子爆弾だった。まして何年も後になって発症する悲惨な原爆後遺症と「核の恐怖」など知るよしもなかった。

②戦争変えた戦略爆撃

一九四五年八月一五日、天皇の詔勅がラジオで流され、戦争は終わった。この戦争で、日本人は三一〇万人以上、アジア・太平洋諸国、地域では少なくとも二千万人以上の戦争犠牲者を出した。

第二次世界大戦ではドイツや日本が大規模に展開した航空機による都市戦略爆撃「空爆」が戦争の様相を一変させた。日本軍は一九三八年から四三年までの重慶空爆で六万人以上の市民を殺傷した。アメリカも四五年三月には東京上空に飛来した約三〇〇機のB29が焼夷弾約一九万発を投下、二二万戸を焼き尽くし、一二万人以上を殺傷した。「空襲」は全国多数の都市に及んだ。無差別大量破壊の広島原爆は、究極の「空爆」であった。

広島の原爆による死者は、一九四五年の年末までに約一四万人（誤差±一万人＝一九七六年「国連への調査報告」）とされる。ほかに同年一一月三〇日に広島県警本部が県内全署の報告を受けて一二月中旬にまとめた原爆の人的被害調査がある。死者七万八一五〇人、行方不明一万三九八三人、重軽傷者三万七四二五人、その他被災者一七万六九八七人の合計三〇万六五四五人である。ただし軍人は含まれていない（一九四六年二月、連合国軍総司令部発表）。実際の被害者数は、今に至っても正確には把握できていない。慰霊碑に納められている原爆死没者名簿に記帳された人数は、二〇一〇年八月六日現在で二六万九四四六人に達している。

朝鮮人被爆者数も詳細は不明だが、一九七二年四月に韓国原爆被害者援護協会（現韓国原爆被害者協会）は、広島で被爆したのは五万人、死亡者は三万人と発表している。「もし、日本が不法な侵略戦争を引き起こさなかったら、そして、そのために日本へ朝鮮人を強制連行しなかったなら、こんにち『朝鮮人被爆者』という存在自体あり得なかったはずである」（李実根『白いチョゴリの被爆者』労働旬報社）という言葉を胸に刻みたい。

③隠された「被爆の実相」

広島原爆は、国内、世界にどう伝えられ、どう受け止められたか。八月一〇日の日本政府の声明は、「無差別性残虐性を有する本件爆弾を使用するは人類文化に対する罪悪なり、（中略）米国政府を糾弾すると共に即時かかる非人道的兵器の使用を放棄すべきことを厳重に要求する」と、アメリカに強く抗議し、八月一五日の天皇の「終戦詔書」でも「残虐ナル爆弾」と表現して、明確に原爆の非人道性・不当性を指弾していた。

日本のメディアも敗戦・詔勅の直後は、連合国総司令部（ＧＨＱ）の占領政策が動き始める前までは、悲惨な原爆の被害を伝えていた。八月二三日の中国新聞は、「瞬時にして焦土と化した廣島市街」の説明つきで写真を掲載し、「死亡なお続出」と被害状況も詳報している。

「広島原爆の惨状」が世界に伝えられたのは、ほぼ一カ月後の九月五日になる。英紙デイリーエクスプレスにスクープしたバーチェット記者の現地ルポが最初とされ、衝撃を広げた。実は同じころ、バーチェット記者らとは別にアメリカ軍が都市爆撃の効果を調査するために組織した「航空特派員」

数人が広島を取材し、彼らが目にした驚愕のレポートを米本国に送っている。

しかし、送られた原稿からは「非人道的被害の実態」が配信の過程でいつしか姿を消していた。アメリカ政府は、安全保障政策への「理解」と「自主検閲」をメディアに求め、国際法違反という日本の抗議を裏付けるような非惨な死、残留放射能の〝毒性〟を隠して「世界戦争を終わらせた強力な新兵器」にしてしまった。この間の事情は、繁沢敦子『原爆と検閲』（中公新書、二〇一〇年）や高橋博子『封印されたヒロシマ・ナガサキ』（凱風社、二〇〇八年）などが詳しい。

基本的人権と人間の尊厳、人道に反する行為を禁止する国際法遵守を掲げた国連憲章に、加盟国が署名したのは一九四五年六月二六日、広島原爆投下の五週間前だったのである。

④プレスコード

ＧＨＱのファーレル米准将が一九四五年九月六日、東京で急きょ記者会見し「広島・長崎では死ぬべきものは死んでしまい、九月上旬現在において原爆放射能に苦しんでいるものは皆無」と声明を出した。残留放射能による後遺障害・疾病を否定したこの公式見解は、先の日本政府声明など国際法を意識したものだった。マッカーサー連合国総司令官は外国人記者の広島・長崎立ち入りを禁止、取材を制限した。九月一九日には、日本の報道機関にも報道規制となるプレスコードが発令された。

アメリカは原爆を「戦争終結の威力」として誇示する一方で、非人道的・残虐兵器との非難を避けるために、その実相を隠したのである。原爆使用について「日本はパールハーバーの報復を受けた。

被爆写真を公開したアサヒグラフ1952年８月６日号

原爆は戦争終結を早め、アメリカ人兵士の多くの命を救った」「原爆使用は正当」との見解を今も維持し、日本に一切の謝罪をしていない。

一九四六年八月三〇日発売の米誌「ニューヨーカー」に掲載されたジョン・ハーシー記者の「ヒロシマ」が三〇万部も売れる大反響を呼び、各国語に翻訳されて広がった。プレスコード下でありながら日本でも、法政大学出版局から石川欣一、谷本清（流川教会牧師でハーシー記者から取材を受けた一人）の二人によって、一九四九年四月に翻訳出版された。谷本牧師は「広島を世界平和のメッカに」という運動を始めていた。この作品を通じて広島復興への国際的援助の手が広がった。「ヒロシマ報道」は長続きせず、一九五二年の「日本独立」で『アサヒグラフ』が原爆被爆写真を公開する八月六日まで、残酷な原爆症や障害の事実は、日本人にも広く知らされることはなかった。

⑤占領期の原爆観・平和観

被爆翌年の一九四六年八月五日、「平和復興広島市民大会」が開かれた。六日の中国新聞で木原市長は「国際的平和都市を建設しよう」と呼びかけ、楠瀬常猪知事は「起ち上がれ世界の廣島／米日合作都市／恩讐《おんしゅう》越えて再建せん」と市民の犠牲を悼み、平和都市としての復興を語る。原爆が戦争を終わらせ平和をもたらした―とする基調はＧＨＱへの迎合が鮮明である。七日には中国新聞社主催で

「戦災供養盆踊り大会」も開催された。「ピカッと光った原子のたまに／ヨーイヤサー／飛んで上がって平和の鳩よ」という「原爆音頭」ならぬ「平和音頭」が流れたという。追悼、復興、平和万歳の盆踊り、これもまた一部に批判の声を生んだ敗戦直後の街の姿だったのだろう。原爆のむごさと被爆者の怒りを国内外に訴えるため、背中のケロイドをさらして「原爆一号」の異名を持った吉川清は、「狂い咲きの花のような平和」と当時の市民感情を皮肉っている（吉川清『「原爆一号」といわれて』筑摩書房、一九八一年）。米紙「ライフ」もまた「平和カーニバル」と揶揄《やゆ》していた。

日本国憲法が施行された一九四七年、「広島平和祭協会」が設立され、今日の平和祈念式となる第一回「平和祭」が行われた。平和祭はＧＨＱの後援を求め、要請に応えてマッカーサーがメッセージを寄せた。戦後初の公選市長選挙で当選した濱井信三市長は、平和宣言で「広島の原爆投下は、過去の人類の歴史を一変せしめ、ここに恒久平和の必然性と真実性を確認せしめる思想革命を招来せしめた。原子力をもって争う世界戦争は、人類の絶滅と文明の終末を意味するという真実を世界の人々が明白に認識したからである。（中略）永遠に戦争を放棄して世界平和の理想を地上に建設しよう」と述べている。ＧＨＱの「原爆―終戦―平和到来」論理を明確に意識しながらも、憲法九条に基づいて戦争放棄と世界平和をめざす平和宣言であった。

この年の一二月七日には「人間天皇」の広島視察があり、護国神社跡の市民広場にステージが設けられて、濱井市長以下五万人の市民が「万歳」で迎えた。新憲法の平和主義を称揚しつつ、アメリカも天皇も「歓迎」する。これが、敗戦直後の広島市民の「平和観・原爆観」であった。

⑥平和式典と平和宣言

朝鮮戦争が勃発した一九五〇年、治安対策を理由に、「平和祭」が急きょ中止された。アメリカの占領政策によって左右される「平和祭」の限界であった。一九五一年からは「原爆死没者慰霊祭ならびに平和記念式」（通称・平和記念式典または平和式典）として復活した。式典と宣言は、内外情勢や日米関係を映しつつ続けられ、「ヒロシマ」の世界化に果たした役割は大きい。日本が独立し、GHQが廃止となる一九五二年でも、市長の平和宣言に「原水爆禁止」の表現は見えず、「原爆が残した罪悪の痕は、今なお消えるべくもなく残っている」と「原爆後遺症」に言及したのも、一九五三年の宣言だった。核兵器禁止を求める「ストックホルム・アピール」署名が日本で六四五万人、世界で五億人の賛同を集めた時代である。

原水禁世界大会が定着した五八年には「核兵器の製造と使用を全面的に禁止する国際協定の成立」を訴え、ベトナム反戦運動と沖縄返還運動が高揚し、核拡散防止条約（NPT）が合意された六八年には「平和祈念式」に式典名称を変え、宣言では「核抑止」論を批判、「核兵器廃絶」の姿勢を鮮明に打ち出した。一九六九年には片仮名の「ヒロシマ」表記が登場し、平和憲法を持つ日本のもう一つの顔として「核兵器を拒否するヒロシマ」を世界にアピールした。

アメラシンゲ国連軍縮総会議長を迎えた一九七七年には、翌年の国連軍縮総会への期待を込め「唯一の被爆国」（一九七八年）の立場を鮮明にし、スリーマイル島原発事故を契機に放射線被曝と地球の核汚染の指摘（一九七九年）が登場する。

日本政府には「非核三原則」の堅持（一九八一年）を要望、八〇年一二月の原爆被爆者対策基本問題懇談会（略称「基本懇」）の「受認論」に反発して国家補償に基づく被爆者援護の強化・充実を求めた。以後、「飢餓・貧困」（一九八三年）、「人権抑圧、地域紛争」（一九八八年）、『冷戦体制の終焉』「在外被爆者救援」（一九九〇年）、「植民地支配や戦争でアジア・太平洋地域の人々に加えた加害への謝罪」（一九九一年）なども表明された。

一九九七年の平和宣言では、アメリカの「核の傘」にふれ、「日本政府に対して、『核の傘』に頼らない安全保障体制構築への努力を要求する」と主張した。

⑦復興と被爆者

軍人・軍属の被害者は戦没者遺族等援護法で救済されながら、一般被爆者への特別な援護はなかった。人類初の原爆被害、市民も医師も当初その正体を解明できなかった点があったかもしれない。原爆傷害調査委員会（ＡＢＣＣ）は、検査はしても治療はしなかった。「原爆乙女」たちのケロイドに、ひとしきり世間の目は集まったが、被爆者への生活支援や援護は手薄だった。「原爆一号」の名で知られた吉川清らが「原爆障害者更生会」（一九五一年八月）を組織し、一九五二年には「アサヒグラフ」が原爆被爆写真を初公開して起きた国民的な関心をバックに、山代巴《やましろともえ》や峠三吉、川手健らが「原爆乙女」を含む「原爆被害者の会」を結成して被爆者援護対策を求める運動を始めたが、ＧＨＱ統治期

平和大通り＝100メートル道路
（撮影：関　邦久）

のレッドパージ（政府や企業が強行した、共産党員とその支持者に対する不当な解雇）などの影響が強く、一部の動きにとどまった。

　一方、原爆で壊滅した広島の都市復興は、国家の援助なしには不可能な規模であった。政府の特別補助金と旧軍用地など国有地の払い下げを受けようというプランは、戦災都市が広島に限らないという理由で、当初は拒絶されていた。どうしてもこれを実現しようとすれば、新憲法で定められた「特別法」によるしかなかった。広島市・県をあげての粘り強い努力が続けられた結果、「広島平和記念都市建設法」が、衆参両院とも満場一致で可決され、一九四九年七月七日に行われた広島市の住民投票で九割強の賛成票を得て、八月六日に公布された。これによって、平和大通り（通称「一〇〇メートル道路」）や平和記念公園が整備された。広島城周辺の広大な旧軍用地の払い下げを受けて公共施設や住宅建設が進み、広島市民球場（一九五七年完成）、基町高層アパート（一九七八年完成）を含む今日の広島の都市づくりが進んだ。

　この法律の最も大きな意義は、「恒久の平和を実現しようとする理想の象徴として広島市を建設する」精神がはっきりと謳われたことである。しかし、「広島平和都市建設法によって、公園ができ、広い道路がつき、ビルは建った。これが復興だった。人間は置きざりにされた」（吉川清『「原爆一号」といわれて』）という被爆者の声があったことも、記憶しておきたい。

⑧ビキニ事件と原水禁運動

被爆者救援を含む原水禁運動の転機になったのは一九五四年である。三月に静岡県のマグロ漁船・第五福竜丸がビキニ環礁でアメリカの水爆実験による「死の灰」を浴び、久保山愛吉さんらが被曝した。読売新聞が十六日にスクープした「原爆マグロ」などから、ヒロシマ・ナガサキがビキニ被災と重なり、原爆被爆者の放射能被害への関心を呼び起こした。東京築地の魚商らがいち早く「原・水爆禁止と被害補償」を求める署名運動を起こし、五月には東京都杉並区の主婦たちが「杉並アピール」を発表して「原水爆禁止署名運動」に火をつけた。九月には久保山さんが死亡、「死の灰」の脅威が生活を直撃する形で市民運動は全国に広がった。

同じく一九五四年の一月には「広島・長崎への原爆投下は国際法違反」だとして、「広島原爆被害者の会」などが大阪の岡本正一弁護士や作家の大田洋子らを発起人にして「原爆損害求償同盟」を発足させ、米政府とトルーマン前大統領を相手にアメリカの裁判所に訴える動きを始めていた。米の責任追及を支持する声や賠償請求の是非を巡る論議が中国新聞紙面にもあり、関心が重なったかもしれない。被爆者の実態への認識が広がり、平和式典とは別に五月一五日には基町の児童文化会館で原水爆禁止広島市民大会が開かれた。もはやＧＨＱの軛《くびき》はなく、知事代理や濱井市長を含む市民ら七〇〇人が参加して、①原子兵器の使用・開発・研究・実験の禁止、②原子力の厳重な国際管理と平和利用の促進――の決議と宣言を発表し、原水爆禁止大署名運動の展開を決議している。

さらに五月二五日には県・市それぞれの議会で「原爆障害者治療費の国庫負担」を決議、七月には県民運動本部を立ち上げる取り組みへとつながった。

この年八月六日の広島平和記念式典への参加者は二万人に達した。式典の後には慰霊碑前に横断幕と舞台が設けられ一三七団体・約二万人が参加する「原爆・水爆禁止広島平和大会」（広島県民運動連絡本部主催）に切り替えられた。組合旗もプラカードもない市民主体の集会では、九〇万に達した署名数が報告され、核実験反対と原爆障害者への救済立法を訴える熱気溢れる集いになったと記録される。

八日には国労会館（東京）で湯川秀樹教授らを世話人に、「原水禁署名運動全国協議会」が結成された。広島の原水禁署名は八月二七日には一〇〇万三四七二筆（広島県民運動連絡本部まとめ）、年末には全国で二五〇〇万筆を超える一大国民運動に発展した。

⑨原水爆禁止世界大会

一九五五年は、広島の反核平和運動に展望をひらく年となった。ビキニ事件を契機に沸騰した超党派の原水禁署名運動は、被爆一〇周年の平和祈念式に合わせて、広島で署名運動の全国総括集会を開き、それを原水爆禁止世界大会につなごうという計画に具体化されていく。

五月には濱井前市長を会長、森滝市郎広島大教授を事務局長にして、「原水爆禁止世界大会広島準備会」が生まれた。六月にはイレーヌ・ジョリオ＝キュリーやサルトル、『ヒロシマ』の著者ジョン・ハーシーら海外の著名人七〇人に招請状が送られた。

八月六日、五万人の平和記念式典の後、広島市公会堂で第一回原水爆禁止世界大会が開催された。一四カ国、三五人とも五二人とも言われる海外代表を含め参加者は五千人（会場内二千人）を超えたとも言われる（中国新聞刊『年表ヒロシマ』など）。大会は、核戦争阻止・核兵器完全禁止・被爆者救援を柱とする「広島アピール」を発表、原水禁運動の基本目標を明らかにした。大会後、署名運動全国協議会と世界大会日本準備会は統合されて九月一九日、「原水爆禁止日本協議会（日本原水協）」が結成された。

広島で開かれた第１回原水爆禁止世界大会
（提供：毎日新聞社）

翌年五月には広島県原水爆被害者団体協議会が誕生、一一月には県内一二団体・約二万人の組織になった。八月には全国組織の日本原水爆被害者団体協議会（日本被団協）が結成されている。

原水爆禁止運動は当初、超党派の広範な市民が推進する国民的運動であったが、「大気圏内、宇宙空間及び水中における核兵器実験を禁止する」部分的核実験禁止条約（一九六三年）や米ソの核実験をめぐる評価などを巡って対立、運動に亀裂が生じ、日本原水協と「原水爆禁止日本国民会議（原水禁）」、「核兵器禁止平和建設国民会議（核禁会議）」の三組織に分裂して現在に至っている。

⑩原子力の平和利用

二〇一一年三月一一日、東日本大震災による東京電力福島原子力発電所の事故で、日本は、またや「被爆（曝）国」となった。と同時に原発事故は放射性物質を空からも海からも放出し、日本は初めて「核の加害国」になってしまったのである。原子力平和利用への不信が一気に高まり、原発の「安全神話」は崩壊した。

原子力の平和利用については、一九五三年一二月八日、アイゼンハワー米大統領が国連で行った「アトムズ・フォァ・ピース」（Atoms for Peace）演説がある。これを受けて一九五四年三月、日本の国会ではビキニ被災事件が明らかになる直前に、原子炉開発研究費を含む予算修正案が急きょ提出・可決され、一九五五年一二月には原子力基本法が制定された。五五年一月、日米が協力して広島に原子力発電所を建設しようという法案が米議会に提出され話題になったが、濱井市長や森滝市郎原水禁広島事務局長らが反対したこともあった。

一九五四年七月には防衛庁・自衛隊が発足し、自衛隊の合憲・違憲の議論が火をふいていた。一九五五年は保守合同で改憲を目指した自由民主党が発足し、社会党も左右が統一、戦後の長い「五五年体制」がスタートした年である。

当時、アメリカは全世界で「原子力の平和利用」の大キャンペーンを開始していた。日本各地で「原子力平和利用博覧会」が開催され、東京、名古屋、京都、大阪で一〇〇万人近い観客を動員していた。広島でも一九五六年五月二七日から六月一七日まで、平和記念館と資料館で広島県、広島市、広島大学、広島アメリカ文化センター、中国新聞社が主催して「博覧会」が開かれ、原子炉の模型などを展示し、約一〇万九五〇〇人が入場したという。

また一九五八年にも、広島市市制七〇周年を記念して「広島復興大博覧会」が開かれ、原爆資料館に原子力商船の模型などを展示、四月一日から五月二〇日までの会期中に一〇〇万人の観客が入場してにぎわったという。

一九五五年に第一回の原水禁世界大会が開催された被爆地広島であったが、「原子力の平和利用」は、核兵器とは全く別の人類繁栄の「原子力時代」を拓くものと、大いに人気を集めていたのである。

⑪国家補償を求めて

原水爆禁止運動の発展で「原子爆弾被爆者の医療等に関する法律」(原爆医療法)が一九五七年四

月にやっと施行され、「被爆者健康手帳」交付と治療費の国庫負担が実現した。運動を進めた被団協はこの成果で年末までに五万八千人の組織に成長した。原爆医療法は、「特別被爆者」の設定など救済範囲の改定を重ねて、一九六八年には「原子爆弾被害者に対する特別措置に関する法律」(原爆特別措置法)が成立、特別手当をはじめ各種手当が広げられた。

一九五九年六月、第一回「原爆後障害研究会」が広島、長崎をはじめ、全国の医師・研究者を結集して開催され、悪性新腫瘍(癌《がん》)や白内障と原爆との関係が初めて統計や臨床研究をもとに報告された。原爆小頭症患者の親たちが一九六五年六月、「きのこ会」を結成して訴えを始め、重度小頭症一二人、広い意味で四五人が確認されたのは、同年一〇月の第七回「原爆後障害研究会」だった。患者手当てが創設されたのは、さらに一六年後の一九八一年だった。

被爆者が求めた被爆者援護法は、国の戦争責任を問い、その上で「国家補償」を求める運動だった。しかし、一九八〇年一二月一一日、原爆被爆者対策基本問題懇談会(略称「基本懇」)は、「広い意味での国家補償」が必要と認めながら「賠償責任」は避け、「戦争の被害は国民がひとしく受認しなければならない」という「受忍論」で原爆犠牲を答申したため、被爆者の激しい怒りを呼んだ。

一九九四年に医療法、特措法の二法を一本化して名称こそ「被爆者援護法」が実現、被爆死者に特別葬祭給付金の道を開いたが、ここでも「国家補償」は実現されなかった。

⑫在外被爆者の救援

外国人を含む在外被爆者への救済は、さらに遅れている。二万五千人を超えるといわれた韓国人被爆者の問題が最初に注目されたのは、一九七〇年一二月だった。広島で被爆した釜山《プサン》市の孫振斗《ソンジンドゥ》さんが佐賀に密入国して逮捕され、「日本で治療が受けたかった」と密入国の動機を話した。

一九七二年に孫さんは被爆者手帳の交付を求めて提訴、七五年に厚生省が「適法入国には適用」との新判断を出して、翌年に治療渡日の韓国被爆者に広島市が手帳を支給した。七八年三月、最高裁は孫さんの訴えを認め、在外被爆者救済の道が開かれた。被爆者は北朝鮮にも、アメリカにも、ブラジルにもいることが分かり、七七年には初の在米被爆者検診が行われた。一九八〇年、在韓被爆者の渡日治療が試行され、一九八六年までに一八回、三四九人が渡日治療を受けた。

現在では多くの在日外国人被爆者が、日本人被爆者と同様に被爆者健康手帳（被爆者手帳）の交付を受け、被爆医療を受けている。しかし、被爆者が国内で手帳を取得し、健康管理手当などの受給資格を得ても、海外に移った場合には支払わないという旧厚生省の通達（一九七四年）により、手帳を持つ在外被爆者（二〇〇六年三月現在、約四〇一〇人、うち在韓被爆者は二六九〇人）は長い間、援護を受けられなかった。二〇〇七年二月、韓国や中国、ブラジル在住の被爆者が提訴した裁判で、最高裁がこの「通達」を違法と認定（同年一一月）したのを受けて、二〇〇八年一二月から海外に暮らす被爆者が来日しなくても手帳を取得でき、渡日支援・渡日医療支援・居住国における保健医療支援などを受けられるようになった。

また国交のない北朝鮮の被爆者（日本政府代表団の二〇〇一年実態調査によれば一三五三人。そのうち生存者九二八人＝毎日新聞・同年三月一八日報道）への援護がなお課題として残っていることも、忘れてはならない。

⑬継承運動

一九五一年、被爆した少年・少女の手記を集めた長田《おさだ》新《あらた》編『原爆の子』（岩波書店）が出版された。これを原作とする二本の映画（「原爆の子」と「ひろしま」）も、多数の市民の協力でつくられた。一九五八年には「原爆の子の像」が完成した。

被爆二〇周年の一九六五年ごろから、「原爆体験の風化」を懸念して、資料の収集・保存を指摘する声が出始めた。中国新聞の金井利博氏が提唱した「原爆被災白書運動」や、NHKと広島大学による「爆心地復元」運動がその先駆けであった。原爆ドームの保存運動（一九六六年に第一回募金運動と保存工事、一九八九年に第二回募金運動と保存工事、一九九六年「世界遺産」登録）、原爆展の全国開催も企画・実施され、被爆手記や絵画、自分史づくりもこのころから盛んに取り組まれた。

教育の分野では、「広島県原爆被爆教師の会」の誕生（一九六九年）から「原爆犠牲教師と子どもの碑」の建立（一九七一年）、「広島平和教育研究所」の設立（一九七二年六月）から「平和教育シンポジウム」の開催（一九七三年）や「日本平和教育研究協議会」の設立（一九七四年）が続き、平和教育・平和学習は全国的に実践されるようになった。

Ⅸ　広島まちなかアート探訪

〈執筆〉大井　健地

「まちなかアート探訪」と題して野外彫刻・モニュメントの特集をした広島市広報紙（「市民と市政」二〇一〇年一一月一五日号）が発行された。いわく「いくつもの川が流れ、自然の緑が間近にある、わたしたちのまち広島」、たくさんある野外彫刻を訪ねて自分のお気に入りを見つけ、「まち歩きを楽しんでみませんか」。

ここではこのコンセプトを踏襲して現在の市域における広島の青空の下のいくつかを紹介する。当然、僕のおすすめ作品が主となる。年間を通じて鑑賞でき、いつでももちろん無料である。

まち歩きを楽しもう。

◆**柳原義達《道標・鳩》一九七三年**（中区国泰寺町一―六―三四、市役所西側玄関前広場）

市役所正面玄関前にブロンズの鳩が五羽、群れよっている。鳩の群像構成。〝国際平和都市〟の格調あるよいシンボルとなっている。現状は平板な四角い床上に設置されているが、高低差をつけたり曲面を導入した動態的構成などの工夫があると楽しい。時に配置を替えると像の空間がみずみずしく甦ってくるはず。

この像の下は旧庁舎資料展示室になっていて、公開されている。防空壕を思わせるひんやりした独特の部屋だ。

◆**柳原義達《ラ・パンセ》一九五三年**（中区小町二、平和大通り北の緑地帯）

昭和二八年設置。世界恒久平和を祈念した戦後初の屋外彫刻。平和大通りという公式名称はあるが

左／ラ・パンセ
右／道標・鳩

多くの市民が百メートル道路と呼ぶ大通り（幅が一〇〇メートル）は、当時だだっ広く殺風景だったはず。現在は南北の両側の緑地帯（グリーンベルト）に、成長した大樹の並木が続く。花壇の中央に、両手を首のうしろにまわした、くつろいだポーズで、瞑想する裸婦像。古典的な品格を備えて豊かな肉体が立っている。「愛とやすらぎ」の思索像。僕の薦めるベスト1だ。昭和三八年まではまちなかで「ひろしま川祭り」の花火大会が行われていた。夜空に花火の光を浴びてくっきりとしたシルエットが浮かび上がる情景が見られた。逆に《ラ・パンセ》像から言わせれば、ヒロシマの戦後復興を見つめ考え続けてきたわけ。

　広島の詩人・米田栄作（一九〇八―二〇〇二年）はこの像に次の詩句（「ラ・パンセ」より）を捧げている

　私は佇《た》ちつづける
　私の熱い髪の中から羽搏《はばた》くだろう一羽の鳩のためにも
　私は動かず、無言でいよう

タカの塔

炎の季節が高まってくるから
私を囲んで輪舞するだろう、その未来のためにも

◆作者不詳《タカの塔》一八九六年（南区皆実《みなみ》町六丁目、皆実交番横）

まち歩きを〝楽しむ〟趣旨からすればこの遺産はシリアスな異物である。〝アート〟か否かを疑う人もいよう。てっぺんに鳥のとまった球体を置く記念石柱。戦前の重々しくもぶこつな意匠。偉容とも威容とも、さらに今日ではむしろ異様な、ひと時代前の軍国主義的な記念碑のスタイルとわかるもの。日清戦争に勝利した記念碑としての旧「凱旋碑」である。ただし現在のこのモニュメントに記銘されているのは「平和塔」、「昭和二二年八月六日」のみ。

日露戦争、第二次大戦時、宇品《うじな》港から出征する兵士を見送り、帰還した兵士を出迎える機能のこの工作物は自体も被爆し、避難する被爆者たちを見ていたのだ。被爆二年目の八月六日には、第一回平和祭が行われ、笛、鉦《かね》、太鼓などのお囃子《はやし》、また仮装行列が繰り出され、ある外国人報道では「未開民族のカーニバルのよう」と評された。その日、「凱旋碑」から「平和塔」と名称替えしたことになる。この塔は存続しつづけるのである。なお、一八九〇年の紀元節に制定された金鵄《きんし》勲章（神武天皇東征の故事にちなむ、軍人軍属顕彰の叙勲制度）はこの一九四七年、廃止されている。

「平和塔」の由来は負の造形遺産としてよい。歴史の経過を否応なく視覚化した〝作品〟とも見なしうる。土地の人は「タカの塔」という。戦意高揚から平和記念へと名札のみ変更されたこの塔のことを暗愚とも、皮肉とも、便宜的都合よさとも、解釈は見る人にまかせられている。設置以来百余年の歴史を持ち社会と深く関わった公共造形物、これを「現代美術だなあ」と評する視点もあっていいと思うのだが。

◆**宮本瓦全**《がぜん》**《千田貞暁**《せんださだあき》**像》一九一五年（南区宇品御幸一丁目、千田廟公園）**

瓦全は号。本名仁七郎（一八七一―一九三九）。広島市大手町生まれ。東京美術学校彫刻科を一八九四年卒業。草創期である。広島・奈良で教師・校長。のち上京、錦華小学校校長を経てチューブ製造を起業。

千田貞暁像

千田貞暁は初代広島県知事。莫大な経費による五年余の難工事であった宇品築港と干拓事業に功績をあげた。命日四月二三日には祭典が催され、「空も港も夜は晴れて」の歌詞で知られる宇品発祥の唱歌「港」が歌われる。《千田貞暁像》はこの地方で最古の野外ブロンズ彫刻。壮麗な石造基壇上に、巻いた設計図面を手にした立像として鎮座する。靖国神社の大村益次郎像（一八九三年、大熊氏広）、上野公園の西郷隆盛像（一八九八年、高村光雲）の系譜に連なる銅像。造作が大きく、単純にドデンとある、そこがこの時期の作品の魅力である。広島にこの像のあることはもっと知られてよい。

◆岡本敦生《あつお》、西雅秋《大地0からのかたち》一九八六年（南区松川町七、東広島橋東詰）

スマートでシャープな造形空間をまちなかに出現させることが可能なことを示す模範例。「彫刻のあるまちづくり第一回彫刻コンペ」最優秀作品。創造的な文化形成への役所スタッフの意気込みと合致した。たちどまった市民の内面に不思議な感覚を呼びさます。橋のたもとの特定の場をアートフルな異空間に変貌させた。

◆鈴木たかし《linear《リニア》 cycle《サイクル》》一九九四年（中区新天地八、アリスガーデン）

飲食店が並ぶ繁華街の中心部に、ドカッと斜めに着地した、元気印の造形構築物体。広場に明快な表情を与え、空間密度を高め活気づける。市街地再開発事業の現代的モニュメント。

◆前川義春《折り鶴の碑》二〇〇〇年（中区上幟町《かみのぼりちょう》六―二九、幟町中学校）

平和公園の原爆の子の像をはじめ、広島のさまざまの平和祈念の碑に、全国から無数の千羽鶴が捧げられている。鶴が運ぶヒロシマへの思いを確かに戴いたという、答礼・感謝の意をかたちにしたのがこの黒御影石の方形碑。サダコの母校である幟町中学の、道路からも見える敷地西際に、大牟田稔氏らの尽力で建立された。佐々木禎子の命日一〇月二五日に「大きな折り鶴を碑の上に置き、世界に平和を築く決意を新たにします」と同校生徒会は言う。福井和紙の大型折り鶴が乗る日以外の通常は、シンプルな箱状の碑。

探訪し、鑑賞しておきたい魅力的な作品はまだ多数あるが、以下、広島市内の三つの美術館とその周辺に限定する。

□広島市現代美術館とその周辺

公立で現代美術館を名乗った最初の館として一九八九年オープン。原則一九四五年以降の国内外の

大地０からのかたち

linear《リニア》 cycle《サイクル》

折り鶴の碑

作品を収集の対象としている。

◆ムーア《アーチ》一九六三―六九年（一九八五―八六年鋳造）

館のシンボル。開館時に設置されて二〇年以上になる。貫禄がいっそう深まった風情。

広島市現代美術館

◆ボテロ《小さな鳥》一九八八年

タイトルは逆説で、鳥にしては大きい図体。プリプリと丸っこく、頑丈にして親しみやすいボディ。

◆アバカノヴィッチ《ヒロシマ――鎮まりしものたち》一九九三年

白昼もいいけど、月明かりで、または闇夜にライトアップで見るとどうか。場所を替え、例えば平和公園に並べてみる試みなど考えてよいと思うがいかがか。現状の設置が最適かどうか。

西側の丘に登れば、佐藤忠良《ポケット》一九八四年、舟越保武《イヴ》一九八六年、の女性像二体が木立ちのなか植物の緑と調和してさりげなく立つ。更に西に行くと、現代美術館と同じく黒川紀章設計の旧青空図書館、現在のまんが図書館がある。野外読書を奨励するコンセプト故か館内面積はまことに狭小なのだが、この半円形の建物は円心の位置に据えた彫刻を格段にひきたてている。

小さな鳥

アーチ

ヒロシマ——鎮まりしものたち

ポケット

イヴ

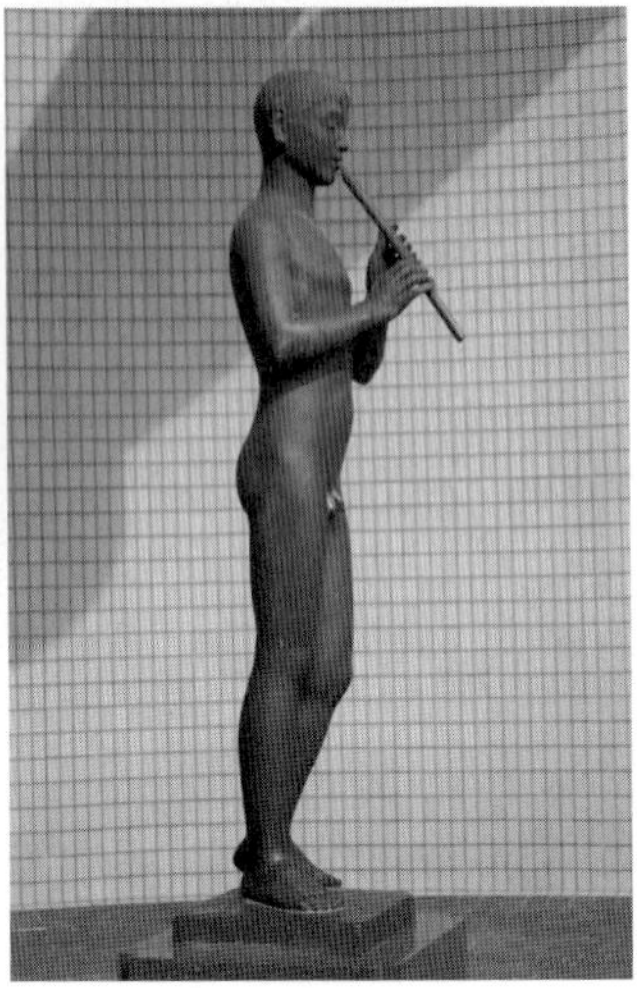

左／テク・テク・テク・テク　右／笛吹き少年

◆舟越保武《笛吹き少年》一九八三年

左足をやや浮かせ縦笛の吹奏に集中する清楚な音楽少年の澄んだ姿。市内に舟越保武彫刻は相当数ある（例えばJR広島駅南口壁面の《牧歌》一九六〇年、そこには横笛を吹く少年がいる）が、これほど彫刻をを生かす建物に恵まれた作品はないといえる。

ちなみにこの漫画本専門、日本初の公立まんが図書館は市民に大人気。全国公募の「おもしろその年まんが大賞」を催している。

◆最上《もがみ》壽之《ひさゆき》《テク・テク・テク・テク》一九八三年

てくてくとは、長い道のりを歩む形容。テクが四つも連なればこれは永遠に歩み続けるのだ。この広場にはもと御便殿《ごべんでん》（天皇の休息のための御殿）があった。その跡地に擬人化されたぎくしゃくたるユーモラス歩行者。原型は木の角材。それをブロンズ鋳造。結構大きいがひきがあるので全体のリズムも見渡せる。

□広島県立美術館

江戸期の古画を含めた日本画、アジアの工芸品などに特色を出し、

ひろしま美術館

広島県立美術館

郷土ゆかりの作家も重視する。旧藩主の庭である国の名勝「縮景園」が隣接する。館内スペースも広い。図書室は快適。彫刻の収蔵品は円鍔勝三《えんつばかつぞう》、芥川永《あくたがわひさし》など巾広い。かつては平櫛田中《ひらくしでんちゅう》、水船六洲作品などを無料ゾーンに展示していた。縮景園や館の周辺に期限つきで野外彫刻（屋内でも）を何点か設置するのはどうか。

□ひろしま美術館とその周辺

ひろしま美術館は市内目抜きの一等地（西練兵場跡地で国有地）にあるが、俗世の喧噪を離れてやすらげる別天地みたい。印象派の名品など所蔵品の質の高さで知られる。絵画ではピカソの青の時代の《酒場の二人の女》とゴッホの最晩年の《ドービニーの庭》が特におすすめの二点。日本油彩画コレクションも逸せない。

まちなかアート探訪で一息、休憩するならここ。おしゃれなティールームがくつろげる。入口のミュージアムショップのひと工夫した品ぞろえが楽しい（これらはフリーゾーン。以下は有料となるけど）。

◆ブールデル《果実を持つ裸婦》一九〇二―一一年

回廊が囲む芝生の中庭に、スラリと大地のみのりのような彫刻。

果実を持つ裸婦

ヴィーナス

細部にこだわらず、全体を見ることで、人物がまったく若々しい果実のようにも思えてくる。

◆マイヨール《ヴィーナス》一九一八－二八年

本館中央、メインホールのドーム型天井の真下に豊穣にして優美に、しっかりと存在する。やさしさだけでも強さだけでもない、柔と剛が美しく調和した格調高い像。

隣接して、利用価値があるのは広島市立中央図書館と広島市映像文化ライブラリー。

広島市は各区に図書館を備えるが中央図書館は最も資料充実。画集ほか美術書もしっかりある。そのうえ職員も親切。町歩きのためにも本で調べられる作業を経れば効率倍増。また、探訪のあとの確認と復習のためにも図書館利用は有用、というより必須。

映像文化ライブラリーも、いまだになお先進的な、得がたい大切な文化施設。八月は原爆映画の特集をしてくれている。

さて最後にもう一点の野外彫刻、図書館北側の林間、地上に臥している銅板レリーフを紹介する。

◆《エドマンド・ブランデン詩碑》一九七五年八月（中区基町三、広島市立中央図書館前庭）

ブランデン（一八九六―一九七四年）は英国の詩人、批評家。一九二四―二七年、東京大学で英文学を講義、戦後一九四七―五〇年、英国文化使節として再来日し、広島も訪れる。次に引用（終わりの六行）するのは「ヒロシマ　一九四九年八月六日によせて」。

エドマンド・ブランデン詩碑

詩人没後の翌年に広島日英協会が「原爆の劫火に彎曲した鋳版のイメージ」で設置。英文書体は直筆を生かし、日本語訳は友人、寿《じゅ》岳文章《がくぶんしょう》による。詩と、肖像の銅板二面の詩碑。

ヒロシマ　よりも　誇らしき
名をもつまちは　世にあらず
君は平和の　鳩のやど
をちこちびとは　こゝに来て
よみがへりたる　人類の
かゞやく　姿　見るらむか

◆被爆建物リスト

2010年8月1日現在

	被爆時	現在	所在地	所有者	被爆地からの距離（m）	説明板未設置
1	広島県産業奨励館	原爆ドーム	中区大手町一丁目10番	広島市	160	
2	燃料会館	平和記念公園レストハウス	中区中島町1番1号	広島市	170	
3	本川国民学校	本川小学校平和資料館	中区本川町一丁目5-39	広島市	410	
4	袋町国民学校	袋町小学校	中区袋町6-36	広島市	460	
5	中国軍管区司令部（防空作戦室）	中国軍管区司令部跡（旧防空作戦室）	中区基町21	広島市	790	
6	広島市役所	広島市役所旧庁舎資料展示室	中区国泰寺町一丁目6-34	広島市	1,020	
7	広島逓信病院	広島逓信病院	中区東白島町19-16	日本郵政㈱	1,370	
8	広島文理科大学（中国総監府）	広島大学旧理学部1号館	中区東千田町一丁目1-89	広島大学	1,420	未設置
9	山陽文徳殿	山陽文徳殿	南区比治山町7-1	広島市	1,820	
10	己斐（こい）調整場送水ポンプ室	己斐調整場送水ポンプ室	西区己斐東一丁目9-2	広島市	2,310	
11	広島陸軍被服支廠	旧日本通運出汐倉庫4号棟、旧広大	南区出汐二丁目4-60	財務省	2,670	未設置
12	広島陸軍被服支廠	旧日本通運出汐倉庫１～3号棟	南区出汐二丁目4-60	広島県	2,670	未設置
13	広島高等学校講堂	広島大学附属中・高等学校講堂	南区翠一丁目1-1	広島大学	2,690	
14	広島陸軍兵器補給廠	広島大学医学部医学資料館	南区霞一丁目2-3	広島大学	2,750	
15	牛田水源地濾過調整池上屋	旧濾過調整池上屋	東区牛田新町一丁目8-1	広島市	2,770	
16	牛田水源地送水ポンプ室	広島市水道資料館	東区牛田新町一丁目8-1	広島市	2,800	
17	牛田水源地送水量水室	水道資料館別館ビデオルーム	東区牛田新町一丁目8-1	広島市	2,800	
18	広島陸軍糧秣支廠（缶詰工場）	広島市郷土資料館	南区宇品御幸二丁目6-20	広島市	3,210	
19	広島地方気象台	広島市江波山気象館	中区江波南一丁目40-1	広島市	3,630	
20	宇品警察署	旧広島県港湾事務所	南区宇品海岸三丁目13	広島県	4,640	未設置
21	帝国銀行広島支店	広島アンデルセン	中区本通7番1号	㈱アンデルセン	360	

22	日本銀行広島支店	旧日本銀行広島支店	中区袋町5番21号	日本銀行	380	
23	福屋百貨店	福屋百貨店	中区胡町6-26	㈱福屋	710	
24	広島中央電話局西分局	NTT広島西営業所	中区西十日市町10-5	日本電信電話㈱	1,080	
25	逓信省電気試験所広島出張所	日本電気計器検定所広島試験所	西区三篠町一丁目15-3	中国企業㈱	1,790	
26	住友銀行東松原支店	谷口㈱	南区猿候橋町3-7	谷口㈱	1,890	未設置
27	広島電鉄㈱千田町変電所・資材倉庫	広島電鉄㈱千田町変電所・事務所	中区東千田町二丁目9-29	広島電鉄㈱	1,920	
28	久永金紙押紙工場	歴青社倉庫	西区三篠町三丁目20-4	歴青社	2,200	
29	桐原容器工業所	桐原容器工業所	中区舟入南四丁目1-11	桐原容器工業所	2,460	未設置
30	光徳寺・納骨堂	光徳寺・納骨堂	南区皆実町六丁目15-21	光徳寺	2,680	
31	日本麻紡績㈱給水塔	浜田樹苗園給水塔	西区己斐本町三丁目12	浜田樹苗園	2,830	
32	日本特殊グリース倉庫	三戸商店倉庫	南区大洲一丁目9	三戸商店	2,940	未設置
33	中国配電南部変電所	中国電力宇品変電所	南区宇品御幸三丁目17-7	エネルギア不動産	3,790	
34	陸軍船舶練習部	マツダ宇品西工場	南区宇品東五丁目3	マツダ㈱	4,160	未設置
35	広島鉄道局広島工機部	JR貨物広島車両所	東区矢賀五丁目1-1	日本貨物鉄道㈱	4,250	未設置
36	多聞院・鐘楼	多聞院・鐘楼	南区比治山町7-10	多聞院	1,750	
37	明泉寺・山門	明泉寺・山門	南区段原東浦町2-10	明泉寺	1,900	
38	浄光寺・山門	浄光寺・山門	南区荒神町2-2	浄光寺	2,100	
39	東照宮	東照宮	東区二葉の里二丁目1-18	東照宮	2,100	
40	安楽寺・本堂	安楽寺・本堂	東区牛田本町一丁目5-29	安楽寺	2,190	
41	尾長天満宮	尾長天満宮	東区山根町33-16	尾長天満宮	2,600	
42	国前寺	国前寺	東区山根町32-1	国前寺	2,600	
43	善法寺・本堂・庫裏	善法寺・本堂・庫裏	西区己斐本町三丁目10-8	善法寺	2,740	
44	蓮照寺・本堂	蓮照寺・本堂	西区己斐中二丁目20-24	蓮照寺	2,750	
45	舟入神社	舟入神社	中区舟入南六丁目26-6	舟入神社	2,780	

46	旭山神社	旭山神社	西区己斐（こい）西町12-10	旭山神社	2,800	
47	新庄之宮神社	新庄之宮神社・本殿･拝殿	西区大宮一丁目1-9	新庄之宮神社	2,900	
48	光西寺・本堂	光西寺・本堂	西区己斐中二丁目23-3	光西寺	2,930	
49	妙法寺･本堂･庫裏	妙法寺･本堂･庫裏	西区己斐西町45-20	妙法寺	2,940	
50	浄修院・本堂	浄修院・本堂	西区己斐西町2-16	浄修院	3,010	
51	三滝寺･想親観音堂･鐘楼・稲荷社・三鬼権現堂･鎮守堂	三滝寺･想親観音堂･鐘楼・稲荷社･三鬼権現堂･鎮守堂	西区三滝山411	三滝寺	3,180	
52	観音寺･本堂	観音寺･本堂	東区山根町12	観音寺	3,260	
53	稲生神社・本殿・渡殿	稲生神社・本殿・渡殿	南区西霞町24-21	邇保姫神社	3,340	
54	海神宮	海神宮	中区江波東二丁目16-1	衣羽神社	3,360	
55	地蔵寺・本堂･庫裏	地蔵寺・本堂･庫裏	南区北大河町23-16	地蔵寺	3,440	
56	真幡神社（黄幡社）	真幡神社（黄幡社）	南区北大河町23	邇保姫神社	3,440	
57	海宝寺・山門	海宝寺・山門	中区江波南一丁目11-12	海宝寺	3,470	
58	衣羽神社・本殿･拝殿・手水舎	衣羽神社・本殿･拝殿・手水舎	中区江波南一丁目26-6	衣羽神社	3,590	
59	邇保姫（にほひめ）神社・手水舎	邇保姫神社・手水舎	南区西本浦町12-13	邇保姫神社	3,620	
60	大歳神社・本殿･拝殿	大歳神社・本殿･拝殿	西区高須三丁目4-22	草津八幡神社	3,640	
61	長束神社・本殿	長束神社・本殿	安佐南区長束一丁目32-1	長束神社	3,690	未設置
62	穴神社	穴神社	南区丹那町23-11	邇保姫神社	3,840	
63	不動院	不動院	東区牛田新町三丁目4-9	不動院	3,900	未設置
64	本浦説教所	本浦説教所	南区東本浦町20	本浦説教所	3,950	
65	丹那説教所	最勝寺・本堂･門･庫裏	南区丹那37-13	最勝寺	3,950	
66	覚法寺・本堂･庫裏	覚法寺・本堂･庫裏	東区矢賀二丁目3-13	覚法寺	3,960	未設置
67	蓮光寺･門・観音堂	蓮光寺･門・観音堂	安佐南区長束二丁目1-44	蓮光寺	4,020	未設置
68	熊野神社	熊野神社	東区矢賀三丁目9—16	熊野神社	4,150	未設置

69	福蔵寺・庫裏・鐘楼	福蔵時・庫裏・鐘楼	西区古江一丁目659番地	福蔵寺	4,200	未設置
70	観音寺・本堂・鐘楼	観音寺・本堂・鐘楼	南区黄金山町12	観音寺	4,250	
71	千暁寺・本堂・庫裏・納骨堂	千暁寺・本堂・庫裏・納骨堂	南区宇品海岸二丁目3-1	千暁寺	4,310	
72	イエズス会長束修練院	イエズス会長束修練院	安佐南区長束二丁目1-3	イエズス会	4,500	未設置
73	竈（かまど）神社	竈神社	南区仁保一丁目16-14	邇保姫（にほひめ）神社	4,520	
74	万休寺・本堂・山門・庫裏	万休寺・本堂・山門・庫裏	東区中山東三丁目3-3	万休寺	4,600	
75	西福寺・本堂・庫裏・山門・鐘楼・経堂	西福寺・本堂・庫裏・山門・鐘楼・経堂	南区仁保二丁目12-20	西福寺	4,620	
76	龍宮神社	龍宮神社	西区草津東一丁目15-7	草津八幡神社	4,780	
77	熊野神社・本殿	熊野神社・本殿	安佐南区祇園一丁目20-1	熊野神社	4,800	未設置
78	滋光寺・山門	滋光寺・山門	西区草津東三丁目7-25	滋光寺	4,930	未設置
79	鷺森神社	鷺森神社	西区草津東三丁目1-8	草津八幡神社	4,930	
80	海蔵寺・本堂・山門	海蔵寺・本堂・山門	西区田方一丁目1-3	海蔵寺	4,950	
81	日宇那説教所	光明寺	南区日宇那町13-6	光明寺	4,960	
82	狐瓜木（くるめき）神社・本殿・拝殿	狐瓜木神社・本殿・拝殿	東区戸坂くるめ木一丁目	狐瓜木神社	4,980	未設置
83	浄教寺・本堂・山門・南門・経堂	浄教寺・本堂・山門・南門・経堂	西区草津本町1-22	浄教寺	4,980	未設置
84	教専寺・本堂・経堂・山門	教専寺・本堂・経堂・山門	西区草津本町15-14	教専寺	4,990	未設置
85	専念寺・本堂・庫裏・鐘楼	専念寺・本堂・庫裏・鐘楼	安佐南区山本七丁目15-1	専念寺	4,990	未設置
86	胡子（えびす）神社・本殿・拝殿	胡子神社・本殿・拝殿	西区草津浜町7-17	草津八幡神社	5,000	
87	稲生神社	稲生神社	西区草津本町14-12	草津八幡神社	5,000	
88	草津八幡神社・本殿・拝殿	草津八幡神社・本殿・拝殿	西区田方一丁目11-18	草津八幡神社	5,000	
89	西楽寺・本堂	西楽寺・本堂	西区草津本町12-2	西楽寺	5,000	未設置

◆被爆樹木リスト

2010年８月１日現在

	樹木名	所在地	被爆地からの距離（m）	所有者
1	シダレヤナギ	中区基町14（青少年センター西側）	370	国土交通省
2	クロガネモチ	中区袋町5-15（頼山陽史跡資料館内）	410	広島県
3	シダレヤナギ	中区基町5（こども文化科学館東側）	450	広島市
4	エノキ・ムクノキ・クロガネモチなど	中区小町3（白神社前平和大通り）	530	広島市
5	ユーカリ・マルバヤナギ	中区基町21（広島城二の丸跡）	740	広島市
6	アメリカキササゲ	中区基町15（中央公園）	760	広島市
7	クロガネモチ	中区基町21（広島城跡）	910	広島市
8	クスノキ	中区基町16（市営住宅南西側駐車場）	1,010	広島市
9	ソメイヨシノ	中区国泰寺町一丁目6-34（広島市役所内）	1,050	広島市
10	クスノキ	中区基町20（基町交番前）	1,110	広島市
11	クスノキ	中区基町21（堀北端、ＲＣＣ北西側）	1,120	広島市
12	クスノキ	中区上八丁堀2（裁判所アパート南側）	1,120	法務省
13	クスノキ	西区天満町1（天満小学校南東側道路）	1,160	広島市
14	プラタナス	西区天満町1-27（天満小学校内）	1,270	広島市
15	アオギリ	中区中島町1（平和記念公園内）	1,300	広島市
16	クロマツ・イチョウなど	中区上幟町2（縮景園内）	1,370	広島県
17	エノキ	中区橋本町12(上柳橋西詰河岸緑地)	1,400	広島市
18	シダレヤナギ	中区橋本町12(上柳橋西詰河岸緑地)	1,400	広島市
19	ナツメ	西区西観音町１（平和大通り緑地内）	1,430	広島市
20	エノキ	中区上幟町6-29（幟町中学校内）	1,440	広島市
21	イチョウ・カイヅカイブキなど	中区東千田町二丁目1-34（千田小学校内）	1,640	広島市
22	シダレヤナギ	南区比治山本町20（鶴見橋東詰め）	1,700	広島市
23	クロガネモチ	西区観音本町二丁目1-26（観音小学校内）	1,770	広島市
24	クスノキ	西区観音本町二丁目1-26（観音小学校内）	1,800	広島市
25	ソメイヨシノ	南区比治山町7-1（山陽文徳殿内）	1,800	広島市
26	クスノキ	西区三篠町一丁目9-25（三篠小学校内）	1,850	広島市
27	カイヅカイブキ	西区福島町一丁目18（ふくしま保育園東側歩道）	1,900	広島市
28	シダレヤナギ・クスノキ	中区千田町三丁目7（千田公園内外）	2,030	広島市
29	クスノキ	中区白島北町19（郵便貯金会館東側）	2,100	国土交通省
30	シダレヤナギ	南区皆実町一丁目15-32（皆実小学校内）	2,160	広島市
31	ハマユウ	中区中島町1（平和記念公園内）	2,200	広島市
32	クスノキ	中区中町7-24（白神社内）	490	白神社
33	グミ	中区本川町二丁目5-13（清住寺内）	520	清住寺

34	ソテツ	中区大手町三丁目10-4（長遠寺内）	890	長遠寺
35	ボタン・シロダモ	中区大手町三丁目13-11（本逕寺内）	890	本逕寺
36	クロガネモチ	中区小町9-37（金龍寺内）	940	金龍寺
37	サルスベリ	中区寺町3-11（善正寺内）	1,100	善正寺
38	イチョウ	中区寺町3-3（報専坊内）	1,130	報専坊
39	ソテツ	中区寺町1-19（西本願寺広島別院内）	1,150	西本願寺広島別院
40	マツ	中区住吉町5-10（住吉神社内）	1,300	住吉神社
41	イチョウ	中区住吉町15-22（浄西寺内）	1,420	浄西寺
42	コウバイ・カエデなど	中区東白島町8-8（禿翁寺内）	1,580	禿翁寺
43	ソテツ	南区京橋町10-8（専立寺内）	1,590	専立寺
44	ナツミカン	中区白島九軒町23-2（光明院内）	1,700	光明院
45	イチョウ・マツなど	東区二葉の里二丁目6-25（明星院内）	1,780	明星院
46	タブノキ・サクラ	中区白島九軒町12-20（碇神社内）	1,800	碇神社
47	マツ・クスノキなど	東区二葉の里二丁目5-11（鶴羽神社内）	1,810	鶴羽神社
48	ツバキ・ボダイジュ	中区白島九軒町12-4（宝勝院内）	1,820	宝勝院
49	クスノキ	西区三篠町一丁目11-5（三篠神社内）	1,850	三篠神社
50	クスノキ	西区三篠一丁目6-9（光隆寺内）	1,870	光隆寺
51	ソテツ	中区白島九軒町5-10（心行寺内）	1,880	心行寺
52	マツ	南区段原二丁目6-3（明泉寺）	1,900	明泉寺
53	サクラ・マツなど	中区白島北町1-41（安田学園内）	2,110	安田学園
54	イチョウ	東区牛田本町一丁目5-29（安楽寺）	2,160	安楽寺
55	クスノキ・エノキ・ヤブツバキ	中区吉島西一丁目8-6（吉島稲生神社）	2,160	吉島稲生神社

◆被爆橋梁リスト

2010年８月１日現在

	名　称	現在地〔河川名〕	被爆地からの距離(m)	竣工時期	現況	登録年度
1	京橋	中区橋本町～南区京橋町〔京橋川〕	1,400	1972年	現存	2008年度
2	栄橋	中区上幟町～南区大須賀・松原町〔京橋川〕	1,500	1931年	現存	2008年度
3	比治山橋	中区鶴見町・昭和町～南区比治山本町〔京橋川〕	1,700	1939年	現存	2008年度
4	猿猴橋	南区的場町一丁目～猿猴橋町〔猿猴川〕	1,800	1926年	現存	2008年度
5	荒神橋	南区的場町一丁目～西荒神町〔猿猴川〕	1,900	1939年	現存	2008年度
6	観光橋	西区己斐本町三丁目～己斐本町一丁目〔八幡川〕	2,600	1937年	現存	2008年度

（広島市市民局　国際平和推進部　平和推進課　提供）

【参考文献】

・岸田裕之編『広島県の歴史』（山川出版社）
・有元正雄他著『広島県の百年』（山川出版社）
・広島市役所編『広島原爆戦災誌』（広島市）
・澤野重男『ヒロシマ　希望の未来』（平和文化）
・朝日新聞広島支局『原爆ドーム』（朝日文庫）
・増岡敏和『広島の詩人たち』（新日本文庫）
・広島市編『被爆五〇周年・図説戦後広島市史』（広島市総務局公文書館）
・被爆建造物調査研究会編『被爆五〇周年・ヒロシマの被爆建造物は語る』（広島平和記念資料館）
・広島平和記念資料館編『図録・ヒロシマを世界に』（広島平和記念資料館）
・濱井信三『原爆市長―ヒロシマとともに二〇年』（朝日新聞社）
・宮本善樹『平和公園―広島の神話から』（広島文化出版）
・広島県歴史教育者協議会編『原爆モニュメント物語』（平和文化）
・原爆遺跡保存懇編『広島　爆心地・中島』（新日本出版社）
・松元寛『広島・長崎修学旅行案内―原爆の跡をたずねる』（岩波ジュニア新書）
・戦争遺跡保存全国ネットワーク『戦争遺跡から学ぶ』（岩波ジュニア新書）
・広島県歴史教育者協議会ほか編『ヒロシマの旅―碑めぐりガイドブック』（平和文化）
・松元寛『わがまち、ひろしま』（広島文化出版）
・志水清『原爆爆心地』（日本放送出版協会）
・原爆遺跡保存懇編『ガイドブック・ヒロシマ―被爆の跡を歩く』（新日本出版社）
・広島高校生平和ゼミナールほか編『ドキュメンタリー原爆遺跡』（平和文化）
・歴史教育者協議会編『石碑と銅像で読む　近代日本の戦争』（高文研）
・朝鮮人強制連行真相調査団編著『朝鮮人強制連行調査の記録（中国編）』（柏書房）
・広島市・長崎市原爆災害史編集委員会編『広島・長崎の原爆災害』（岩波書店）
・江津萩枝『櫻隊全滅―ある劇団の原爆殉難記』（未来社）
・岩手県松尾村編『園井恵子・資料集―原爆が奪った未完の大女優』
・世界の子どもの平和像をつくる会編『せこへい―平和を

つくる子どもたち』（部落問題研究所）
・NHK広島「核・平和」プロジェクト『サダコ「原爆の子の像」の物語』（NHK出版）
・柳田邦男『空白の天気図』（新潮文庫）
・奥本剛『呉・江田島・広島　戦争遺跡ガイドブック』（光人社）
・松元寛『ヒロシマという思想―「死なないために」ではなく「生きるために」』（東京創元社）
・中国新聞社編著『年表ヒロシマ』
・『被爆50年写真集　ヒロシマの記録』（中国新聞社）
・宇吹暁『平和記念式典の歩み』（広島平和文化センター）
・広島平和教育研究所編『平和教育実践事典』（広島平和教育研究所）
・ヒロシマ50年取材班『検証ヒロシマ　1945から1955』（中国新聞社）
・吉川清『原爆一号といわれて』（筑摩書房）
・NHK出版編著『ヒロシマはどう記録されたか』
・日中韓3国共通歴史教材委員会『未来をひらく歴史　東アジア3国の近現代史』（高文研）
・朴壽南『もうひとつのヒロシマ　朝鮮人韓国人被爆者の証言』（舎廊房出版部）
・広島市衛生局原爆被害対策部編『被爆50年広島原爆被害者救援行政史』
・児玉克也『世紀を超えて』（中国新聞社）
・ジョン・ハーシー『ヒロシマ』（法政大学出版局）
・原爆被害者相談員の会編『被害者とともに』（中国新聞社）
・『劫火を見た―市民の手で原爆の絵を」NHK編　（日本放送出版協会）
・広島市役所編『広島原爆医療史』（広島市）
・山岸一章『聳ゆるマスト』（新日本出版社）
・村上初一編『毒ガス島の歴史―大久野島』（自費出版）
・武田英子『地図から消された島―大久野島毒ガス工場』（ドメス出版）
・歩平『日本の中国侵略と毒ガス兵器』（明石書店）
・吉見義明『毒ガス戦と日本軍―初めて明らかになるその全貌』（岩波書店）
・中国新聞社編『毒ガスの島―大久野島　悪夢の傷跡』（中国新聞社）
・岩国市総合政策部基地対策課編『基地と岩国―平成21年版』（岩国市役所）
・『岩国基地』（原水爆禁止岩国地域協議会・岩国平和委員会）

■おわりに

悲しみの　夏雲へ向け　鳩放つ

「平和の祈り」の句碑。広島の爆心地を流れる元安川の右岸、原爆ドームの南約一七〇メートルのところに、この碑はある。中曽根康弘元首相が詠んだ句を、本人の書で刻んだ記念碑である（一九八七年建立）。「悲しみの夏雲」は「八・六、ヒロシマ」のイメージと重なり、「鳩」を放つ行為は「平和の祈り」のイメージと重なって、爆心地にある反核平和のモニュメントのひとつに数えられてきた。

だが、次のような事情にも注目すべきではないか。中曽根氏は、一九五四年の春、ビキニ被災事件が明らかになる直前、原子力の平和利用研究補助金二億三五〇〇万円（ウラン二三五にちなむという）とウラニウム資源調査費一五〇〇万円の合計二億五〇〇〇万円の「原子力予算」を国会に提出して通過させた中心人物である。

それから六〇年近くの間に、米スリーマイル島原発事故（一九七九年）があり、旧ソ連チェルノヴイリ原発事故（一九八九年）があり、東海村臨界事故（一九九九年）があり、今回の東日本大震災にともなう福島第一原発事故（二〇一一年）があった。中曽根氏は、現在の原子力発電の惨状につながる原子力政策を推進してきた立役者である。この碑にはその記憶がまとわりついて離れない。さらに、ヒロシマ・ナガサキで最初の核戦争が起こされたあと、ネバダやビキニやセミパラチンスクなど、世界中のいたるところで、核実験によって多くのヒバクシャが生み出された。「鳩」を放つべき「悲しみの夏空」は、もはやヒロシマだけではない。

事実を知れば知るほど、真実を学べば学ぶほど、心がざわめくことは多い。そのようなざわめきを、核兵器のない世界、核被害のない世界の実現につなげねばならないのだろう。

広島に来て爆心地や資料館やモニュメントを訪ねた人々よ。
広島の街角に隠された被爆建物や軍都の遺跡を訪ねた人々よ。
広島周辺の岩国や呉の戦争と平和をめぐる歴史と現実を見た人々よ。
宮島や大久野島の歴史秘話を知った人々よ。
ヒロシマの文化や芸術、歴史や思想について考えた人々よ。
そこには何があって、何がなかったか。今度はあなたの意見や感想を聞きたい。

「ヒロシマ」の問題を論ずるとき、「その主張に賛成する側では全面的に受け入れられる代りに、反対する側からは全面的に拒否されるという不毛が繰り返されてきた」のだが、そのような事態を乗り越えるために、「ヒロシマ」をひとつの政治的事件としてではなく（また平和運動の問題であるよりも）、ひとつの思想としてとらえることによって、「行詰まり」を抜け出る道があるのではないかと考えた人（松元寛『ヒロシマという思想―「死なないために」ではなく「生きるために」』）がいた。そこでさらに重要なことは、『広島・長崎修学旅行案内』の著者でもある彼が、いろいろな人の「ヒロシマという思想」が書かれることを願っていたことである。本書もまたそのような「ヒロシマという思想」を考えるための一冊でありたいと思う。そして、できればこの本を手にして、次のことについて考え、議論を尽くしてほしい。

核の脅威や環境破壊がとりつく地球は危うい。

人類は生存か死滅かの岐路に立つ。

なんとも知れない未来だが、ヒロシマから学べば、未来への希望はある。

核兵器の均衡による平和や核兵器の恐怖による平和に未来はない。

原子力発電の「安全神話」は崩壊した。

核を許容する思想によって人類が絶滅することを肯定するのでないならば、国際条約で核兵器を廃棄することを約束することにとどまらず、いかに困難であるとしても、「死なないために」ではなく「生きるために」こそ、ヒロシマという思想を各人のものにすることが必要であろう。「真の解決の道は、広義の教育による人間の精神的改革以外にない」（松元前掲書）。ひたすら人類の滅亡よりも一歩でも早く目的地に到達することを祈りながら、その困難な道を歩まねばならない。【澤野　重男】

◉執筆者略歴（執筆順）

澤野重男（さわの・しげお）
1947年生まれ。元高校社会科教員。平和・国際教育研究会事務局次長、広島高校生平和ゼミナール世話人。著書『世界史をつくる子どもたち―平和・人権学習のすすめ』『ヒロシマ　希望の未来―核兵器のない世界のために』（ともに平和文化）など。

太田武男（おおた・たけお）
1940年、岡山県生まれ。中国新聞で編集委員、出版、データベース部長。被爆50周年企画『年表ヒロシマ』など一連の出版担当。2001年退職、現在日本ジャーナリスト会議代表委員。

高橋信雄（たかはし・のぶお）
1939年生まれ。元中学校社会科教員。現在、広島教育研究所事務局長、原爆遺跡保存運動懇談会副座長。

大井健地（おおい・けんじ）
1947年生まれ。筑摩書房、広島県立美術館をへて、広島市立大学教授、芸術資料館館長。広島県立図書館友の会会長。広島日伊協会理事。著書『大井健地の美術図書館』（形文社）など。

是恒高志（これつね・たかし）
1954年生まれ。中学校社会科教員で歴史教育者協議会会員。2005年の大和ミュージアム開設以来、呉の歴史について発信。紙芝居「戦争と闘った水兵と戦艦大和」がある。

山内正之（やまうち・まさゆき）
1944年生まれ。元公立学校社会科教員。退職後、大久野島の毒ガス被害・加害の歴史を伝えるボランテイア活動をしている。毒ガス島歴史研究所事務局長。

吉岡光則（よしおか・みつのり）
1946年、岩国市生まれ。元高校社会科教員。前山口県高等学校教員組合執行委員長。現在、山口県平和委員会代表理事、岩国平和委員会事務局長、山口県アジア・アフリカ・ラテンアメリカ連帯委員会理事長。

観光コースでない 広島

●二〇一一年八月六日――第一刷発行

著　者／澤野重男・太田武男・高橋信雄・大井健地・是恒高志・山内正之・吉岡光則

発行所／株式会社 高文研
東京都千代田区猿楽町二―一―八
三恵ビル（〒一〇一＝〇〇六四）
電話　03＝3295＝3415
http://www.koubunken.co.jp

組版／株式会社Web D（ウェブ・ディー）
印刷・製本／三省堂印刷株式会社

★万一、乱丁・落丁があったときは、送料当方負担でお取りかえいたします。

ISBN978-4-87498-463-5　C0036